AF273156

Bagaméri Enikő

# Az Univerzum játékai

## Avagy Életünk a Tarot szemszögéből

novum ■ pocket

© 2022 novum publishing

ISBN 978-3-903382-44-2
Borítókép:
Aleksandr Kichigin | Dreamstime.com
Borító, tördelés & nyomda: novum
publishing

**www.novumpublishing.hu**

**Climate neutral**
Print product
ClimatePartner.com/16547-2201-1002

# Tartalom

# ELŐSZÓ

Mindannyian próbáljuk megfejteni, hogy miképp is működik kis világunk. Miféle rendszer, vagy épp szabályok szerint alakul életünk. Rendszerint nem látunk a színfal mögé. Gyakorta homállyal és bizonytalansággal állunk szemben, nem értvén mi miért történik. Miért pont úgy? Miért pont akkor? És még megannyi megválaszolatlan kérdés bujkál elménkben.

Így lázasan kutatunk a jövőben is többek között, és megragadunk mindent, ami által reméljük, hogy megkapjuk hőn áhított válaszaink.

Hivatásom által lehetőségem nyílt arra, hogy bepillantást nyerjek számtalan kis élettörténet, így több száz esemény legmélyére, meglátva azok értelmét, mozgatórugóikat.

Megannyi Sorsba, Emberi Életbe „kaptam" betekintést, és természetesen ezekre „felhatalmazást" az Égiektől. Ezen tapasztalásaim, felismeréseim temérdek tanácsadások gyümölcse, melynek kivételezett részese lehettem.

Bár valóban megszámlálhatatlan kártyavetés áll mögöttem, mégis a mai napig szert teszek még efféle megélésekre, ráeszmélésekre.

És pont ezek a „megvilágosodásaim" késztettek arra, hogy ezekből egy kis gyűjteményt hozzak létre könyv formájában.

Úgy hiszem, az események, szituációk átlátása, megértése, az okok, összefüggések feltárása és tisztán érzékelése

7

óriási segítség lehet számunkra életünk további szakaszaiban, illetve annak minőségében. Mivelhogy ezekkel a ráébredésekkel megtanuljuk az Elfogadást, gyakoroljuk a Türelmet, a Szeretettel teli Várakozást, nem utolsósorban pedig megtanulunk élni az Elengedéssel.

Így tesszük könnyebbé, örömtelibbé Életünk, miközben haladunk azon elrendelt Utunk felé, ami csak a Miénk.

Ezen gondolatok tükrében szóljon ez a könyv többek között a Kedves Vendégeim által szerzett és megélt tapasztalataimról, meglátásaimról, így az Univerzum „munkájáról", rendszerezéséről, tökéletes időzítéséről is.

Szeretnék rávilágítani úgyszintén többek között a Tarot kártya feladataira, szerepeire, működésére. Arra, hogyan segít, és vezet Minket életünk nehézségeiben, megpróbáltatásaiban.

A bejegyzéseimben meg fogjátok találni általános felismeréseim, de néhány, konkrét Vendégem történetét is felfedezhetitek a sorok között. Természetesen név nélkül, tisztelétben tartva ezzel személyiségi jogaikat.

# Magamról...

Makón láttam meg a napvilágot 1973-ban. E kisvárosban folytattam tanulmányaim, itt végeztem el Egészségügyi Szakirányú iskolám is. Majdan 18 éves koromban kerültem Szegedre, ahol e területen tevékenykedtem sokáig. Spirituális utazásom kezdete régre tehető. Középiskolai éveimben indult érdeklődésem az Ezotéria Világába. Emlékeim szerint a Reinkarnáció témaköre fogott meg elsőkörben, mely ezirányú könyvek olvasására sarkalt. A Szellemvilág, az Entitások jelenléte úgyszintén bekebelezett már akkoriban. Ez a mai napig izgatja fantáziám. Örömmel olvasok ilyen jellegű cikkeket, könyveket, no és persze falom az e Világot felölelő filmeket, alkotásokat.

A Tarot kártyával való „találkozásom" a 20-as éveim elejére tehető. Persze mondhatnám, hogy véletlen volt, de jó ideje már tudom, hogy ennek is így kellett lennie. Szerelem volt első látásra.

A Tarot lapokkal való ismerkedés, a kártya forgatása hamar ráébresztett, hogy valami jelentőségteljes „dologgal" állok szemben. Voltak olyan időszakok, amikor úgymond kikerült a kezemből a kártya, de bizonyos idő után mindig „visszaköszönt" az életembe. Későbbiekben ez a tevékenység másod-, majd harmadállássá nőtte ki magát. Eközben szinte mindig ott volt az elképzelés, hogy egyszer csak és kizárólag ezzel foglalatoskodjam fő Hivatásként.

Hálával és Köszönettel tartozom az Égieknek, mert ezt az álmom valóra váltották, így immáron lassan 3 éve, hogy Tarot kártya tanácsadóként tevékenykedem otthonomban, ahol erre ki tudtam alakítani egy külön kis Tarot irodát. Büszkén mondhatom el, hogy repertoárom a Fehér Mágiával egészült ki időközben, és elindultak Tarot tanfolyamaim is. Örömömre szolgál az a tény is, hogy tanácsadásom hamarosan Budapesten is kezdetét veszi majd.

Ez az Új Kezdet hatalmas változásokat hozott kis életembe.

Temérdek „mélységben" és „magasságban" részesedtem ezáltal, melyek nemcsak küldetésemre voltak hatással, de egész lényemre és életemre is.

Ez idő alatt éltem meg legfőképp azokat a tapasztalatokat, melyek nagyban hozzájárulnak a mai napig ahhoz, hogy minden támogatást és segítséget megadjak a Vendégeimnek, a Hozzám fordulóknak, a tanácsot kérőknek Tőlem telhetően.

Kimondhatatlanul nagy Boldogság Nekem, hogy megtaláltam Küldetésem a Tarot kártya „személyében".

Ez a „Szerelem" tesz teljessé. Általa leltem meg azt az igazi Harmóniát, Lelki Békességet, melyre mindig is vágytam.

# A Tarot kártya

A Tarot egyfajta Önismereti eszköz a kezünkben. Hatalmas segítség, támogató erő tud lenni életne-hézségeinkben, ügyesbajos dolgainkban. Olyan iránytű, afféle mankó, mely folytán szembenézhetünk az életünk-ben felmerülő bonyodalmakkal, akadályokkal, megkap-va ehhez a megoldás kulcsát is többek között. Elsősorban a tisztánlátás adományában részesülünk közreműködé-sével. A Tarot lapok mondandóival meglátjuk a „fényt az alagút végén". Olyan érzés kerít Minket hatalmába, mintha objektíven, kívülről néznénk adott, épp aktuá-lis komplikációnkra.

A lehetőségeink, esélyeink felmutatásával úgyszintén hozzájárul, hogy kikerüljünk megpróbáltatásaink rab-ságából. Arról ad felvilágosítást, milyen lehetséges jövő várhat Ránk, segít abban, hogy a körülmények felisme-résével és figyelembevételével megtanuljunk önállóan dönteni, és ezzel alakítani a saját Sorsunkat.

Tulajdonképp olyan, mint egy térkép. „Ábrázolja" a lehetséges útvonalat, megmutatja, most épp Mi hol ál-lunk, tartunk. Ugyanígy felfedi azt is, hogy a kívánt cé-lunkat milyen lehetséges úton, és eszközökkel érhetjük el.

Ezen szerepeivel biztosít komplett, teljes oltalmat.

A Tarot minden esetben az Univerzum üzeneteit, vá-laszait, tanácsait adja át Nekünk.

Nagyon mély elemző, tanácsadó kártya, eszköz, mellyel a dolgok, problémák gyökerét fedjük fel. Többek között segít eligazodni életünk útvesztőiben. Az aktuális, konkrét káoszból vezet ki Minket, utat mutatva ehhez.

Minden egyes esetben abban erősít meg Minket, amiket a kis Belső hangunk, az intuíciónk már súg Nekünk. Így kapunk löketet a további lépéseinkhez, bátorítást a változtatásokhoz. Jelentőségteljes szerepet tölt be egyébiránt személyiségfejlődésünkben. A Tarot egy összekötő a tudatos és tudatalatti között. Az Ő közreműködésével kaphatunk betekintést a tudatos elménk számára nem érzékelhető rejtelmekbe. Egy olyan átjáró, amivel beleshetünk szívünk, lelkünk legmélyébe. Megpillantva való, igaz vágyaink, szándékaink. Ugyanígy a Tarot üzenetei hozzák felszínre titkos félelmeinket is. Egyidejűleg tárul elénk a múlt – a maga összefüggéseivel, okaival –, ugyanakkor megismerkedhetünk a Ránk váró, lehetséges esélyeinkkel, mint jövőképpel is. Az Univerzum mondandója, információi a Tarot lapok szimbólumrendszerén keresztül nyilvánul meg.

# A Tarot szerkezete

A mai forgalomban lévő Tarot kártyacsomag 78 lapot tartalmaz. A régebbi időkben játékszerként is alkalmazták, nemcsak jóslásra. A Tarot két nagy csoportot foglal magában. A Nagy Arkánumokat, melyek 22 lapot ölelnek fel. Ők a kardinális, fő kártyák. Illetve a Kis Arkánumokat, melyek 4 sorozatot takarnak. Számozott és Udvari lapokból állnak.

A Nagy Arkána lapjai egyfajta személyiségfejlődést írnak le, a 0. Bolond kártyától a 21. Világ kártyáig. Minden egyes lapja az Emberi életút különféle állomásait foglalja magában. Visszatükrözik életfeladatainkat. Ezen kártyalapok nagyon erőteljes energiakisugárzással rendelkeznek. Rendkívül sokatmondó a lapok ábrázolása. Alakokon, figurákon kívül számokat, betűjeleket, asztrológiai csillagképeket és számtalan szimbólumokat, jeleket jelenítenek meg rajtuk. A Nagy Arkánumok egy Magasabb kozmikus energiára utalnak. Az Arkána szó titkot, rejtett dolgot jelent.

A Kis Arkánumok 4 sorozata külön-külön 14 lapot tartalmaz. 10 számozott lapot, és 4 Udvari kártyát. A Kis Arkánumok afféle kiegészítői a fő lapoknak. A hétköznapi életünkhöz kapcsolódnak. Egyfajta útjelzők. E sorozatok az őselemeket képviselik. Így a Tűz, a Víz, a Levegő és a Föld elem mutatkozik meg általuk.

# A Tarot, mint Önismereti tükör

A Tarot minden feladatköre mellett ugyanakkor nagyban elősegíti személyes lelki fejlődésünk, és Önismeretünk emelkedését. Tapasztalatom, hogy ezen feladatát legtöbbször észrevétlenül, szinte láthatatlanul teljesíti be. Értem ezalatt, hogy miközben a Tarot válaszai „terelnek", vezetnek Minket a számunkra legmegfelelőbb irányba – feloldva ezzel bizonyos adott konfliktusaink, nehézségeink – változásra és változtatásra késztetnek. Ezek a változtatások gyakorta elengedhetetlenek ahhoz, hogy elérjük céljaink, vagy megkapjuk vágyaink. A változások gyakorta az eddigi helytelen hozzáállásunk, már-már elévült gondolkodásunk, vagy nem megfelelő viselkedésmintáink levetkőzését foglalja magában. Meglehet, ideje szembenézzünk félelmeinkkel. Vagy épp erősíteni Hitünk például.

Lényegretörő felismerni és elfogadni azt, hogy Önmagunknak mekkora szerepe van életünk forgatókönyvében.

Vannak afféle „életajándékok", mikoris a Sors kegyes meglepetésben részesít Minket. Ugyanakkor valljuk be, ezek nem számottevőek életünkben. Számtalan esetben tapasztalom munkám során, hogy mennyi minden rajtunk (is) múlik. A cselekedeteink, akcióink hatása mindenkor megmutatkozik, utalva arra, hogy választásunk megfelelő volt-e, avagy sem.

Például egy hosszú ideje meglévő akadály, megtorpanás mindig azt akarja Velünk megláttatni, itt az ideje a nézőpontváltásnak. Az eddigi alkalmazott, használt megoldókulcsunk nem jó. Ezek azok a nehézségek az életünkben, amikor a dolgok stagnálnak. Küzdünk, feszülünk, mindent megteszünk a cél érdekében, mégsem mozdul semmi. Nincs pozitív változás, nem érjük el a kívánatos eredményt.

Itt jön képbe a Tarot támogatása. Pszichológiai, lélektani összefüggéseivel világít rá nemcsak a megfejtésre, a helyes irányra, de felfedi egyúttal gyengeségeinket, erőtlenségeinket, félelmeinket is, melyek akadályként tornyosulhatnak céljaink elérésében. Ugyanakkor a Tarot elénk tárja erősségeinket, adottságainkat, tehetségünket is, melyek nagyban segítenek vágyaink megteremtésében.

Az a tükörkép, amivel tiszta képet kapunk Önmagunkról – bár rendszerint fájdalmas –, mégis patronál Minket az Utunkon.

A Tarot oltalmazásával – tehát az Univerzum üzeneteivel – afféle személyiségfejlődésen megyünk keresztül. Minden egyes konfliktus, dilemma, zökkenő mondani akar Nekünk valamit. Tanít valamire. Egyidejűleg tudatosságra ébreszti lelkünk, mely eredményeképp szükségességét érezzük egy idő után, hogy dolgozzunk magunkon, és tegyünk felemelkedésünkért.

A Tarot által mélyebben megismerjük Önvalónk. Mély lélektani meglátásaival, információival egyidejűleg rámutat, hogy hol tartunk fejlődésünkben. Mi a leckénk, feladatunk mindeközben. Miben kell netalán változzunk. Esetleg min kell változtassunk, hogy minden úgy alakuljon, ahogyan annak lennie kell. Nevel. Támogat. Legfőképp azoknak segít, akik mernek, akarnak változtatni életükön. Akik nem félnek őszintén szembenézni Önmagukkal, lelkük legmélyén lapuló démonjaikkal. Akik készek arra, hogy afféle személyiségfeltárás részesei legyenek. És Ők azok, akik már a Tudatosság Útjára léptek.

Nagy örömömre szolgál, hogy egyre több olyan Személy keres fel, és kér konzultációt Tőlem, aki tudatosan tenni akar életéért, és fejlődni szándékozik. Ők a számukra elrendelt Utat keresik, azt a Küldetést, amiért leszülettek.

Szintén Ők azok, akiket nem elégít ki csupán az a kérdés, hogy mi várható adott dologban? Vagy épp, mikor valósul meg az álmom? Valamit tudnunk kell. A Tarot mondandói mindenképp kitérnek arra, ha valami, vagy épp Valaki sorsszerűen ott kell, hogy legyen az életünkben. Ezek azok a történések, találkozások, szituációk, melyeket nem tudunk kikerülni. Ezeknek ezért, vagy azért szerepük van Sorsunkban. Nevezhetjük elrendeltetésnek. Ez mind maga a Sors. A Karma.

Gyakorta olvasom ki ezeket az elkerülhetetlen élményeket a lapok üzeneteiből. Előrevetíti teszem fel azt a Hivatást, Karriert, amibe bele kell állnom. Ami az enyém. Amiben ki fogok teljesedni.

Ugyanígy, a kapcsolatoknál is óriási hangsúllyal jelennek meg az Univerzum üzenetei kapcsán.

Kiemelik a lapok azt a szinte Spirituális, mély kötődést, mely megváltoztatja életünk. Olyan Személyt tár elénk mondhatni, akivel megélhetjük végre a várva várt boldogságot, gondtalan, felhőtlen Szövetséget.

Azonban a feladataink, leckéink ezen esetekben sem állnak meg. Pont amiatt, mert mindig a legerősebb kötelékeinkben, kapcsolódásainkban vannak a legnagyobb ellenállások, a legtöbb küzdelem és tennivaló. Ezek a karmikus összeköttetések, szövetségek és elrendelt Sorsszerű változások hozzák ugyanakkor a legmagasabb szintű ismereteket, legerőteljesebb emelkedésünket, fejlődésünket. Legnagyobb tanítómestereink.

Talán joggal kérdezhetnénk, miért is fontos ennyire, hogy őszintén, szinte leplezetlenül lássunk Önvalónk? Meglátásom, hogy e mögött igen lényeges okok állnak a háttérben. Nézzük csak...

Egyfelől úgy gondolom, hogy azért is kulcsfontosságú, mert így, ezáltal tudunk teljesen Önmagunk lenni. Hisz tisztában leszünk értékeinkkel, pozitív jellemvonásainkkal, tulajdonságainkkal, erőinkkel.

Hiszem, ha tudatosítjuk magunkban, miben is vagyunk jók, mik azok az adottságaink, melyek miatt különlegesek vagyunk, ezzel önértékelésünket emeljük meg. Bármit képesek leszünk ennek tudatában megvalósítani, megalkotni, megteremteni. Másfelől így a segítségükkel megtalálhatjuk Utunk. Oka van azon képességeinknek, melyeket hoztunk magunkkal.

Többek között ezekkel tudunk érvényesülni, és véghez vinni életünk Sorsfeladatát, beteljesíteni azt, ami elrendelt.

Ha belegondolunk, ezzel tesszük teljessé nemcsak a kis életünk, de a világot is kerekebbé ezáltal.

Nem utolsósorban, amiért ugyancsak fontos Önismeretünk, mert így találjuk meg a kellő lelki harmóniánkat.

Megéljük általa azt az Egységet, ahol teljesnek érezzük Magunkat. Egyfajta tökéletesség elérése is ez. Nem azt érezzük, hogy Mi magunk vagyunk tökéletesek, hanem – a hibáink, gyengeségeink elfogadásával, illetve azok dacára – békére lelünk.

Így leszünk alkalmasak arra is, hogy azt az életet éljük, és azt a valóságot teremtsük meg, ami a lelkünk mélyén van.

Összhangba kerül ily módon a lelkünk a valósággal.

Miért is jó a jövendőmondás?

Megannyi cikk, bejegyzés szól magáról a Tarotról, mint fogalmazzunk úgy, jóseszközről. Miszerint a közreműködésével ásunk a nehézségeink mélyére, és érzékeljük teljesen egyértelműen, tisztán adott problémáink, dolgaink. Betekintést nyerve azok megfejtésére is a jövőben.

De miért is jó a jóslás?

Mielőtt belemélyednénk kicsit bővebben e témába, tisztázzuk, mit is takar maga a szó. Előszeretettel használjuk a Tarot esetében is ezt a fogalmat. Joggal, azt gondolom. Azért itt is megoszlanak a vélemények, miszerint mennyire jóseszköz maga a Tarot. Szerény véleményem az, hogy igen. Hiszen, általa rávilágítást kaphatunk lehetséges, várható kimenetelekre, megoldásokra. Természetesen maga a Tarot működése ennél sokkal mélyebb értelmű, és összetettebb. De a jövőnk tisztán látását is ugyanúgy magában hordozza.

Talán érdemes a javaslás szót alkalmazni erre. Miáltal, a kérdező javaslatot kap egy, avagy több lehetséges opcióra, irányra, mint megoldásra az épp Őt foglalkoztató témában. Térjünk vissza a kérdésre. Miért is jó Nekünk ez?

Elsőkörben azért, mert visszaadja önbizalmunk, és nagyban erősíti Hitünk. Általa ismét erősnek, tettrekésznek érezzük Magunkat. Szinte minden egyes tanácsadás során látom, mennyire meg tudja nyugtatni a tanácsot kérőt. Pontosan amiatt, mert reménnyel tölti fel, hogy kikerül adott nehéz élethelyzetéből. Amiért nagyon hasznosnak tartom úgymond a Tarot munkáját, mert mindig azt erősíti meg, és adja vissza válaszként, ami már valahol megfogalmazódott lelkünkben, a Belső hangunk által.

Gyakran tapasztalom, hogy ezek a beszélgetések, tanácsadások nagyon jó hatással vannak pszichénkre, lelki harmóniánkra is többek között. Nagy adag pozitív lökettel lát el Minket. A támogató üzeneteikkel, az Univerzum válaszaival egy olyan rezgésszintre emelkedünk, ami hasonlatos a Vonzás törvénye „módszeréhez".

Amit itt érdemes megemlíteni, hogy a tépelődés, őrlődés helyett a problémánk megoldására, megfejtésére kezdünk el fókuszálni a patronálásával.

Ha úgy vesszük, az Univerzum így tud Velünk kapcsolatba lépni, és „kommunikálni" a Tarot kártyalapok közvetítésével.

# FELADATAINK ÉLETÜNK ALAKULÁSÁBAN

Mint az előzőekben, itt is azon felismeréseim kerülnek e témában terítékre, amit érzékeltem, láttam a Tarot-tal való együttműködésem során.

Bizonyos tévhiteket muszáj elsőkörben tisztáznunk. Gyakran előfordul, hogy félnek a kártyavetéstől az emberek. Szinte rettegnek azon okból kifolyólag, mert meggyőződésük, olyan dolgokat, olyan jövendőt fednek fel a lapok, ami kőbevésett, megmásíthatatlan történések, események eljöveteléről szól/szólhat. Pláne az esetben, ha ez a hír ráadásul számukra nem tetsző, negatív, ami sokkolni fogja Őket.

Szeretnék Mindenkit megnyugtatni e tévhitet illetően.

A Tarot minden alkalommal megmutatja azon lehetőségeinket, esélyeinket, melyekkel az élet szembeállít(hat) Minket.

De... a legtöbb történésbe, eseménybe van beleszólásunk.

A Szabad Akaratunk, döntési jogunk megvan.

Természetesen, ahogy már érintettem az előző fejezetnél, vannak mindannyiunk életében olyan Sorsszerű, Sorsdöntő változások, melyek elől nem futhatunk el. Ezek egyértelműen megmutatkoznak a kártya olvasatában.

Ugyanakkor, más esetekben a választás az enyém. Beleállhatok adott lehetőségbe, és élhetek vele.

Vagy akár elindulhatok nyílegyenest az ellenkező irányba, kikerülvén azt. A Tarot közlendői mindig arra térnek ki, hogy mi várható adott dologban, ügyben stb. Majd minden esetben Mi magunknak kell megtennünk bizonyos lépéseket, hogy rendeződjön életünk, hogy megkapjuk azt a Hivatást, hogy megtaláljuk a helyünk a Világban. Mint ahogy erről is szó esett, igen, néha azért megjutalmaz Minket is az Ég, csak úgy. Kellenek ezek is, szükségünk van rájuk.

Ámde, mind a Tarot, mind az Élet, így az Univerzum is pont arra akarja felhívni a kis figyelmünket, hogy többnyire Nekünk kell változnunk, avagy változtatnunk ahhoz, hogy révbe érjünk. Bármiről is legyen szó. Félreértés ne essék, jellemzően nem arról beszélek, hogy ha Valaki elmegy egy Tanácsadóhoz, Spirituális Szakemberhez, utána rövid időn belül el kell adnia a házát, vagy otthagyni az állását, és még sorolhatnám... egyértelműen vannak helyzetek, amikor pont ez a megoldás, de az más.

Számottevően azon módosításokról beszél a Tarot az Égiek üzenetei alapján, hogy Mi magunknak kell másképp hozzáállni a dolgainkhoz. Ez több mindent takarhat...

Lehet, hogy a Hitünket kell megtalálnunk újból. Meglehet a múltunk köszön még vissza félelmek formájában, amivel mi Magunk állítunk akadályokat a megvalósulásaink terén öntudatlanul. Előfordul gyakorta, hogy türelmetlenek vagyunk, sürgetnénk a végeredmény eljövetelét.

A változás utalhat a görcsösségünkre, az akarásunkra.

Mikoris szinte erőszakkal, megfeszülve, majdnemhogy követeljük vágyunk tárgyát. Ezek az általunk kieszközölt alakulások, módosulások nem véletlenül jönnek fogalmazzunk úgy Velünk szembe.

Egyrészről, az Univerzum tanítani akar Minket ezekkel.

Bármi, lelkünknek kellemetlen, negatív érzés mindvégig azt akarja tudatni Velünk, hogy azzal dolgunk van. Abban kell fejlődnünk. Szintet ugranunk.

Türelmetlenek vagyunk?

Tanuljunk meg Szeretettel, békével várni, várakozni. Sürgetnénk a végkifejletet, célbaérésünk eljövetelét? Éljük meg a mai napot örömmel, boldogan, teljességében addig is. Nem értjük, mi miért történik, miért alakul pont úgy? Ezen érzelmek azt akarják közölni Velünk, hogy tanuljuk meg az Elfogadást. Tudatosítsuk magunkban, hogy minden úgy van most, ahogy annak lennie kell. Még ha most nem is látunk mindent tisztán. Másrészről, más szemszögből nézve, amiért módfelett jelentősége van a változásoknak, mert ezzel áramoltatjuk életünk.

Könnyedén, lazán, rugalmasan tudjuk ennél fogva bevonzani a kis életünkbe való, elrendelt Hivatást, Kapcsolatot, Utazást, Bőséget. Bármit. Ha úgy vesszük, a Vonzás Törvényét alkalmazzuk.

És ezzel a simulékony hozzáállással, viselkedésmintával támogatjuk és segítjük az Univerzum munkáját, rendezését is többek között.

Magától értetődően ugyanakkor kicsi lelkünket is így „tápláljuk". Ennek köszönhetően életerővel, derűvel, a boldogság érzésével gazdagítjuk, ami mind a testi, mind a lelki szellemi harmóniánk, és egészségünk elengedhetetlen része.

Vessünk pillantást a változásokra is...

Ahhoz, hogy mindennapjainkba beköszönjön a nyugalom, a harmónia, szükségünk van azon tapasztalatainkra, bölcsességeinkre, melyekre eddigi életünkben szert tettünk.

Van egy lépés, ami óriási hatással van jelen megéléseinkre, de a jövőnk építésében is hatalmas szerepet játszik. Ez pedig maga a változtatás, mint eszköz. Úgyszintén a Tarot általi tapasztalások láttatták meg Velem azt, hogy sokszor nem a Mi döntésünk alapján kapjuk meg, hanem az élet kényszerít rá Minket. Azt gondolom, sokunkban igencsak jól működnek azok a bizonyos tudatalatti ösztönök, megérzések, melyek mindig egyfajta útelágazáshoz visznek Minket. Nem hiába adja az Univerzum a jeleket, figyelmeztetéseket. Természetesen talán túl egyszerű lenne, ha minden kis jelzésre odafigyelnénk, és azt követnénk. Ehelyett az egónk közbenjárásával jócskán kanyargóssá tesszük Utunk. Azt mondják, nincs jó vagy rossz választás. Maximum a célba érést hosszabbítjuk meg olykor-olykor. Saját bőrömön éltem meg azt a fajta felismerést, hogy a változtatás, és főképp a változás mekkora munkába, erőkifejtésbe kerül. De még nagyobb nehézség az, hogy belássuk a változtatás tényét, igényét, és végre tegyünk valamit.

Ha valami ki van úgymond jelölve Utunkon, a változásba szinte belesimulunk, könnyen ráhangolódunk. Ez a fajta emóció azt akarja mondatni Velünk, hogy a megfelelő irányba indultunk el. Nehéz elengedni, vagy lerakni valamit, netalán Valakit, akihez eddig oly nagyon ragaszkodtunk, és fontos volt lelkünknek. Mégis bizonyos helyzetekben, nincs más megoldás, mint hogy Mi magunk fordítsunk a saját, eddigi hozzáállásunkon, és már más látószögből, szemszögből tekintsünk az adott problémára.

# Az Univerzum munkája

Azt gondolom sokan egyet fognak Velem érteni azon feltevésemben, miszerint nem kell feltétlenül spirituálisnak lenni ahhoz, hogy belássuk, létezik egy olyan Felsőbb Hatalom, mely részt vesz életünk irányításában, és néha „kiveszi" a kormányt a kezünkből.

Ez a Hatalom, Erő, Univerzum – vagy nevezhetjük másképp is – révén érzékeljük azokat a fordulatokat, váltásokat, amik nagy horderejűek életünkre nézve. Legtöbbször a felszín alatt munkálkodnak ezek a láthatatlan erők. Nem minden esetben érezzük egyértelműen ténykedésük hatását.

Természetesen megtapasztaljuk segítségüket, támogatásukat különféle életeseményekben, változásoknál.

Ők hozzák magukkal Karmikus feladatainkat. Ott vannak Sorsdöntő találkozásainknál, megmutatkoznak jelentősebb történéseinknél. Szinte kivétel nélkül olyan hangsúlyos, magával sodró életesemények irányítói, melyek egész életünket felfordítják, megrengetik, és gyökeresen megváltoztatják azt. E módon terelve igazi Utunk, netán küldetésünk irányába. De az Ő munkájuk gyümölcse a Mi támogatásunk, Védelmünk, Óvásunk is. Mindig ott állnak mögöttünk, és igyekeznek segédkezni döntéseinkben, lépéseinkben. Számtalan jelet küldenek Nekünk, amivel szintén utat mutatnak.

Ezen jelekkel meglehet meg akarnak Minket erősíteni például. Hogy helyes az irány, amit célba vettünk. Jó úton vagyunk.

Vagy épp pont ellenkezőleg. Egy akadállyal, egy megtorpanással szólnak, hogy más felé kell menjünk. Ott érezhetjük üzeneteiket álmainkban. Kaphatunk jeleket úgy, hogy Valakit mellénk sodornak, aki választ ad kérdéseinkre. Meglehet meghallunk egy szófoszlányt egy beszélgetésből, melyből azonnal kivesszük, hogy az Nekünk szól. De az is lehet, hogy az intuíciónkkal próbálnak kapcsolatba lépni Velünk. A rendelkezésünkre állnak folyamatosan, de kérnünk kell Tisztelettel az Ő segítségüket, válaszaikat. Megkaphatjuk Oltalmukat, pártfogásukat szóban. Fohászkodhatunk Hozzájuk Imában, ha úgy tetszik. „Felvehetjük" Velük a kontaktot akár meditációban is. Vagy kérhetünk segítő álmot például, amivel úgyszintén vezetik kis életünk. Ugyanígy hasznos tud lenni maga a Tarot is, hisz a lapok közreműködésével, közvetítésével adjuk át az Égieknek, a Felsőbb Hatalomnak a válaszait, értesítéseit.

Olyan összeköttetésben, kapcsolódásban vagyunk Velük, mely kötelék szétszakíthatatlan. Ők adnak Hitet, Erőt Nekünk a legnehezebb életszakaszainkban is. Fontos, hogy bátran bízzuk rá Magunkat, legyen meg a Hitünk abban, hogy minden, amit kapunk általuk, a Mi javunkat szolgálja. Néhány gondolat erejéig kötelességemnek érzem, hogy megemlítsük azon támogatóinkat, akik tulajdonképpen az Univerzum közreműködését, munkáját foglalják magukban. Minden élethelyzetben, minden pillanatban ott vannak. Égi Segítők. Égiek. Angyalok. Szentek. Vannak, akik képesek érzékelni jelenlétüket. Legfőképp akkor vannak Ránk érezhető hatással, amikor életünk megpróbáltatásokkal teli, és fogalmunk sincs arról, hogyan jöjjünk ki az aktuális, lelkünket oly nyomasztó, szorult állapotunkból. Mindenkor „fogják a kezünk", és vezetnek.

De ehhez a Mi jóváhagyásunk is elengedhetetlen. Kérni kell Tisztelettel oltalmukat, támogatásukat. Adjanak jelet, tisztánlátást, tisztán érzékelést. Amit hangsúlyos kiemelni itt, hogy igyekezzünk Mi magunktól, saját erőnkből is felemelkedni adott nehézségből. Még akkor is, ha az igencsak embert próbáló.

Akkor is, ha úgy érezzük, minden erőnk elfogyott, és reményvesztettek lettünk. Csak utána kapjuk meg az Ő patronálásukat. Látniuk kell Bennünk a hajlandóságot arra, hogy képesek vagyunk, és akarunk talpra állni, még ha ez első pillanatban erőlködéssel, és görccsel átitatott. Tapasztalni fogjuk ennek köszönhetően a megkönnyebbülést, a megnyugvást. Zaklatott lelkünk megbékélését.

Ugyanakkor, bizonyos idő múltán látni fogjuk, hogy minden történésnek oka volt. Tisztán érzékeljük majdan, miért kellett átélnünk azt a tortúrát, megpróbáltatást. A kis darabkából összeáll egy teljes kép válaszként.

# A LÉLEKFEJLŐDÉSRŐL

Minden lélek adott életfeladatot hoz Magával leszületésekor. Más és más küldetéssel, leckékkel kell szembenéznünk. Ezeket nevezhetjük megoldandó feladatainknak. Missziónk lényege, hogy lelkünk egyfajta átalakuláson menjen keresztül, ami eredményeképp egy magasabb Tudati szintre ugrunk és megéljük „ébredésünk". Ennek kivitelezéséhez kapunk „megbízásokat", teendőket, útravalóul az Univerzumtól.

Ahogy mindannyian érzékeltük már, ezen létállapot elérése nem megy megpróbáltatások, szenvedés, fájdalom megélése nélkül. Gyakran szembesülünk olyan komplikációval, bonyodalommal életéveink alatt, ami mintha ismerős lenne számunkra. Mintha ugyanaz a forgatókönyv ismétlődne, épp a karakterek, szereplők cserélődnek időközben.

Látnunk kell, hogy egy adott nehézséget addig kapunk meg az Univerzumtól, amíg egyszer azt helyesen meg nem oldjuk. Addig állítanak Minket bizonyos helyzetekbe az Égiek, míg meg nem tanuljuk abból, amit kell. Ezekkel az ingerekkel történetesen az a gond, hogy minél jobban toljuk Magunk előtt az épp aktuális feladatot, annál nagyobb „pofonok" árán leszünk képesek megvalósítani annak feloldását és jutunk el a megoldásához is. A küldetésünk célja maga az Egység megtalálása. Olyan „stádium" megvalósítása, elérése, melyben tökéletesen ki tudunk bontakozni, felvállalva igaz Önvalónk, és leszünk e módon egy Kozmikus Egység piciny, fontos „eleme". Ebben a Tökéletes harmóniában lelünk rá igazi boldogságunkra.

De nem úszhatjuk meg a Ránk váró fennakadások, hercehurcák jelenléte nélkül. Hívhatjuk ezt Karmának is. Gyakorta eszmélünk rá, hogy micsoda rejtett félelem zajlik lelkünkben bizonyos feladatok, szituációk átélése kapcsán. Mindenféle fóbiánk, félelmünk, szorongásunk mögött húzódik valami... Többnyire nem látunk a felszín mögé. A válasz mégiscsak ott rejtőzik valahol mélyen tudatalattinkban. Blokkjaink, elakadásaink utalnak minden esetben arra, hogy min kell még dolgozzunk.

Látom, érzékelem munkámból kiindulva, hogy mindennemű fájdalommal kísért feladatunkra, problémánkra van megfejtésünk. Itt jönnek képbe azok az elvek, pozitív segítségek, melyek átlendítenek Minket ezeken a történéseken, és a múltat letiporva semlegesítik azt. Tudatosság, összeszedettség szükségeltetik ehhez. Ez ürügyén néha muszáj olyan támogatást, oltalmazást nyújtó „eszközökhöz" fordulni, melyekhez a Tudatos Énünk nem fér hozzá. Ezen a szinten láthatóvá válik a probléma igazi gyökere. Itt találkozhatunk olyan traumáinkkal, sérüléseinkkel, melyeket jó mélyen elrejtettünk lelkünk valamely zugába. És mint fájdalmas tapasztalatokat, negatív energiák formájában hurcolunk tovább.

# A VÉLETLENEK

Módfelett megoszlanak a vélemények e tárgyban. Mindenki érvel a saját álláspontja szerint. Mégis, azt hiszem, egyben egyet kell értsünk. A véletlent, mint olyant, igencsak rejtély, homály veszi körül. Egyértelmű választ itt sem várhatunk. Biztos vagyok benne, bárki, aki visszatekint élete szakaszaira, felfedez benne olyan szituációkat, történéseket, aminek létrejöttét, bekövetkeztét valami érdekesség lengte körül.

Példának okán hallani olyan kisebb balesetekről, amely kapcsán találnak egy komolyabb betegséget, még épp időben. Vagy épp, amikor döntést hozunk, hogy munkahelyet váltunk, és ezen morfondírozva még aznap megjelenik az életünkben Valaki, aki elcsábít minket egy másik helyre. Amikor teszem fel olyan lehetőséget, alkalmi munkát lök az élet Elénk, amivel pontosan annyit keresünk, mint amennyi az épp aktuális fogászati kezeléshez kell. És amit addig nem tudtuk, hogy oldjunk meg. (Hozzátenném ez épp Velem történt meg anno.)

De tekinthetünk erre picit más megvilágításból is. Lekésni egy buszt, ami nemsokkal később baleset részese lesz. Hányszor, de hányszor mérgelődtünk, bosszankodtunk már olyan eset miatt, amit akkor pechnek, valamiféle veszteségnek éltünk meg. Ugyanakkor később kiderült, mekkora mázlink is volt, hogy másképp történtek a dolgok. Jókor, épp jó helyen... ismerős? Ami gyakran hatalmas változást hoz életünkben. Ezek mind-mind csak a véletlen művei lennének? Vagy csak a szerencsének köszönhetőek? Azért érdemes ezen eltöprengenünk, mert egytől-egyig ezek az állítólagos véletlenek terelnek Minket egy másik irányba. Egy olyan másik útra, amin Nekünk kell végig mennünk, mert az van kijelölve számunkra. Abban, azzal dolgunk van. Úgy vélekedem, ez mind Sorsszerű. Így nyilvánul meg az Univerzum többek között. Ez maga a Sors.

# Az intuíció

A Belső kis lelkivilágunkban él egy nagyon „okos részünk". Ezt hívhatjuk megérzésnek, szívünk hangjának. Ő „tudja" a választ mindenre. Miért is van oly nagy szerepe ennek? A mai kor emberének élete egy gyorsított felvételhez hasonló... állandó rohanásban vagyunk. Pörgünk, kapkodunk. Mindent szinte azonnal akarunk. Minden felgyorsult. Más értékek kerültek első helyre. Joggal mondhatjuk, sajnos, hogy valahol a világ „kifordult" önmagából. Olyan dolgokat tartunk nagy becsben, ami teljes mértékben az anyagi világhoz köt Minket. Eközben sokszor elfelejtünk szeretni, nevetni, mosolyogni. Önfeledten örülni, miközben megfeledkezünk terheinkről, gondjainkról. Ehelyett stresszben, feszültségben éljük meg gyakorta mindennapjaink. Az egónk jóideje átvette az irányítást felettünk. Elvesztettük a fonalat a Belső hangunkkal. Elhessegetjük, hisz badarság... gondoljuk. Számtalanszor elnyomjuk az intuíciónk adta „információkat". Elszakadtunk a Magasabb Intelligenciától. A legtöbbünk egyáltalán nem vesz tudomást azon jelekről, „üzenetekről", melyet folyamatosan kap ily módon az Univerzumtól. Nem tudjuk sokszor értelmezni a Kozmosz üzenetét, illetve Belső hangunk szavát. Itt jönnek képben azon Segítők, Spirituális Szakemberek, akik által keressük a történések, események hátterét, próbáljuk megkeresni azok okait, összefüggéseit.

Hogy minden értelmet nyerjen.

Ha úgy nézzük, Ők vették át a Belső hangunk feladatát.

De miért is van ekkora szerepe lelkünk szavának?

Semmilyen gondolat, ötlet, terv nem véletlen, ami foglalkoztat Minket, és ami befészkeli magát gondolatainkba. Ugyanígy az sem a véletlennek köszönhető, hogy ki milyen álmokat, vágyakat táplál lelke mélyén. Rendszerint pont ezen kívánalmaink mutatják Utunk, és segédkeznek abban, merre is kellene lépnünk missziónk, Sorsunk beteljesítése felé.

Csakhogy nem igazán tulajdonítunk jelentőséget neki a legtöbb esetben. Mert esztelenség, ostobaság, sőt, néha egyenesen őrültség. És még sorolhatnánk reakcióink ezt illetően. Gondoljuk csak végig eddigi életünk... minden, amit megteremtettünk, az a gondolatainkból ered. Ott született meg elsőként idea, elképzelés, vagy egy futó ötlet formájában.

Mialatt szépen lassan elérni kívánt vággyá formálódott lelkünk mélyén. Ebből hoztuk létre, és manifesztáltuk kívánságunk tárgyát. Itt nincs jelentősége annak, hogy ez egy tárgy, egy utazás, vagy épp álmaink hivatása.

Ezen szenvedélyeink megszületéséhez van elengedhetetlen része, szerepe a sugallatainknak. Hisz így araszolgatunk teljességünk, boldogságunk felé, ezáltal találunk rá arra az igazi békére is többek között, amiben maradéktalanul Egységben vagyunk Önmagunkkal.

Voltaképp visszatérünk valóságos Önvalónkhoz. És ez úton tudjuk teljesíteni, amiért „idejöttünk". A kis Belső hangunk mindig szívünk szavát tükrözi vissza.

A lelkünk szólama.

„Használjuk" ezt a titokzatos erőnket, éljünk ezzel az „eszközzel".

Iránytűként navigál minket életünk ösvényén.

Nagy szükségünk van rá.

# Sors, avagy Szabad Akarat?

Mennyire játszik szerepet életünkben az Isteni Gondviselés? Vagy tényleg minden csak és kizárólag a Mi kezünkben van? Igencsak nagy dilemmát okoz legtöbbünknek ez a kérdés. És persze a válasz sem egyértelmű. Engem is meglehetősen gyakran foglalkoztat ez a téma. Mivelhogy szorosan összefonódik a Tarot kártya által közvetített és támogatott Sorssal. Nézzünk csak... Szabad Akarat. Erről még fogok szót ejteni más bejegyzéseimben. Döntés. Választás. Érezzük súlyát, látjuk, tapasztaljuk kis híján mindennap, ha szeretnénk, ha nem, muszáj döntéseket hoznunk. Az élet folyton választásokat rak Elénk. Még csak lepasszolni sem tudjuk őket. Így szükség van Szabad Akaratunkra. Majd mindenben. Mindig van választásunk, és mindig dönthetünk másképp. Legalábbis majdnem minden esetben.

Azért értelemszerűen persze korlátoznak Minket a szabályok, a normák. Hisz (bármennyire is akarnánk néha) megállj kell parancsolnunk vágyainknak, akaratunknak. De ez így van rendjén. No, de térjünk ki a Szabad Akarat és a Tarot összekapcsolódásához. Mint már látjuk, a Tarot egy olyan útmutató, ami valóban a számunkra helyes irányvonalat mutatja meg. Azt, hogy az adott témában, ügyben mi a legjobb, pontosabban mi lenne a legjobb döntés Nekünk. És már fel is tűnt a jó öreg Szabad Akaratunk. A legtöbb esetben jogunk van, módunkban áll eldönteni, ez így megfelel-e számunkra, vagy épp azt látjuk helyesnek, hogy fejvesztve rohanunk más irányba. Más út mellett határozzuk el Magunkat.

Az út már itt kettéágazik, mehetünk egyik, avagy másik lehetőség felé.

Munkám során rengetegszer ért az a benyomás, tapasztalat, hogy a Tarot kártya lapjai olyan jövőbeli történésekre, cselekményekre utalnak, amit nem fogunk tudni elkerülni. Annak ott, akkor helye lesz életünkben. Ezek Sorsszerűek. Dolgunk van velük. Ez magától értetődően jelenthet egy utazást, egy munkát, vagy épp egy konkrét Személlyel való kapcsolódást, ismeretséget is. Ezekből az élményekből kell, hogy tanuljunk, megéljünk felismeréseket, így hoznak emelkedést életünkbe. Fejlődést. Netán pont ezek révén kapunk „ajándékot" az Univerzumtól. Így teljesedik ki boldogságunk, harmóniánk. Meglehet, hogy valami régi, előző életből hozott karmikus feladatot oldunk meg, adósságot rendezünk le. Itt már nincs Szabad Akarat! Amit az Égiek küldenek számunkra karmikus jelentőségű és nagy horderejű tapasztalásokat, megéléseket, történéseket, azok valóban a Sors keze munkái. Viszont az, hogy adott szituációval, helyzettel, üggyel, vagy épp Személlyel akkor, ott Mi mit kezdünk, az már Rajtunk múlik.

Magyarán, az Univerzum Elénk tálalja, amit meg kell élnünk, lehetőséget adva a fejlődésre és javításra, ha úgy vesszük. Vagy pont amiatt kapjuk, mert ezzel érjük el a kívánt, hőn áhított boldogságot. Még akkor is, ha küzdelmes és rögös az út közben. És akkor is, ha jócskán várat magára a célba érés. Röviden: Ami szembejön Velünk, az Isteni Gondviselés, de az, hogy Mi hogyan reagálunk rá, az már a Szabad Akarat.

# KÜLDETÉSEINK

Azt gondolom, legtöbbünket igencsak foglalkoztat, miért vagyunk itt.

Hogy miért is születtünk meg... mi a küldetésünk, avagy Sorsmissziónk. Kulcsponti gondolatok és kérdések ezek, mert csak így tudunk maximális mértékben kibontakozni, és megélni való személyiségünk. Ez pedig teljes harmóniát, igazi békét hoz lelkünknek. Ebben a kiteljesedett állapotban vagyunk egészek, és boldogok. És mutatkozik meg igazi Önvalónk.

Mindig érezzük, ha épp nem vagyunk a Minket megillető helyen, helyzetben. Azt éljük meg, hogy nem érezzük lényünket egésznek, nem vagyunk harmóniában, nincs igazi békesség lelkünkben.

Előfordul, hogy nagyfokú teherként, nyomásként rakódik Ránk ez az állapot. Egyszerűen folyamatosan motoszkál Bennünk az a gondolat, hogy valami nem stimmel. Épp emiatt is elengedhetetlen, hogy felvállaljuk a Nekünk rendelt Életutunk, feladataink.

Missziónk megtalálásával nemcsak a saját életünket teljesítjük ki, de a világ teljességéhez is hozzájárulunk.

Meglehet, félelem van Bennünk, ha megvilágosodtunk Utunkat illetően. Hisz erre az Útra is kell lépnünk. És ez bizony nem minden esetben könnyű és egyszerű.

Gyakorta látom Vendégeimnél, hogy bár tisztában vannak képességeikkel, és láthatóvá vált valamennyire számukra Mi is az Ő dolguk a Világban, mint Sorsfeladat, mégsem mernek ebbe beleállni. Mondván, nincs rá elég tőkéjük, nem bíznak a tudásukban, Bennük van a félelem a sikertelenségtől stb. Minden e jellegű negatív érzés elrejtett blokkjainkból, félelmeinkből alakul ki.

Tudnunk kell azonban, hogy amint küldetésünk útjára lépünk, a Sorsnak, az Univerzumnak kötelessége segíteni, támogatni Minket ebben. Megadva ezzel a patronálással a bőséget, jólétet, harmóniát, sikerességet, teljességet adott felvállalt Missziónkban.

Pont azon okból, mert azt csináljuk, amiért leszülettünk.

Mindenki hozott magával Sorsfeladatot.

Gyakran érzékeltetik a lapok azt a karmikus hivatást, ami vár Ránk, és ami értelmet ad létünknek. De hogyan is induljunk el ezen az Úton? Hogyan is kezdjünk neki? És egyáltalán, hogyan találjuk meg?

Valószínű, hogy az egyik legnagyobb dilemma és nehézség ott van, hogy tudatosuljon Bennünk, és végre egyértelműen váljon világossá, mi is a Mi dolgunk ezen a Földön. Meglátásom ezt illetően, hogy nem kell a keresését erőltetni. Gyakorta látom, hogy sokan már fiatalkorukban érzik, mi is lenne/lehetne az. Persze ez nem minden esetben zajlik így.

Csak hagyjuk folyni a dolgaink, kis életünk, és figyeljünk a jelekre. Lazán, könnyedén. Élesítsük ki „vevőkéinket", érzékszerveinket. Nézzük meg reakcióink, bevillanó ötleteink… vegyük szemügyre gondolataink. Mi körül forog az agyunk? Gyakran itt még nem érzékeljük a teljes képet valós küldetésünkről, de foszlányokat, érzéseket bizonyosan küldenek az Égiek erre vonatkozóan. Iránymutatónak.

Első körben észrevételezzük, mi az a dolog, tevékenység, foglalatosság, ami maximális boldogságot hoz ki Belőlünk. Amit szeretettel csinálunk, és nagy érdeklődéssel fókuszálunk rá. Ami totál felcsigáz. Ez az egyik ismertetőjele.

Missziónkat gyakorta a hivatásunkban találjuk meg. A másik, ami ráébreszthet Minket ösvényünk taposásában az, hogy tehetségesek vagyunk abban. Azon kapjuk Magunkat, hogy értünk hozzá. Valahogy ráérzünk, és zsigerből végezzük anélkül, hogy bármikor is tanultuk volna.

Csak úgy ott van Bennünk minden.

Amire még érdemes odafigyelni, azok a tulajdonságaink.

Oka van, amiért más és más jellemmel, tulajdonsággal, karakterrel jöttünk le a Földre. Azért is nélkülözhetetlen megvizsgálni ezeket, mert ezen jellembeli vonásaink segítenek hozzá küldetésünk rábukkanásához és annak beteljesítéséhez.

Ha még útkeresésben vagyunk, vegyük nagyító alá egyéniségünk. Szemrevételezzük, miben vagyunk jók... mik az erősségeink. Mik azok a sajátságaink, amik pozitívak.

Ugyanakkor tegyük meg ezt a kevésbé tetsző tulajdonságainkkal is. Rendezzük kendőzetlenül a gondolatainkat abban, hogy milyen is igazából természetünk, a vérmérsékletünk. Hogy miért is reagálunk bizonyos helyzetekben így, avagy úgy.

Afféle önelemzés ez, és mindemellett hozzájárul ahhoz, hogy milyen irányba induljunk el életfeladatunk megtalálása érdekében.

Következő lépésként már minden erőlködés nélkül ott lesz Bennünk az az inger és igény, hogy minél többet megtudjunk az adott témáról, dologról stb., amiben oly nagyon jól érezzük Magunkat. Ösztönösen elkezdünk olvasni, kutatni.

Csak úgy faljuk az ezzel kapcsolatos ismereteket. Afféle tudásszomj kap el Minket. A számunkra elrendelt Utunk során minden esetben ott van, hogy valamiféle tudást, adottságot, képességet hoztunk Magunkkal születésünkkor. Ez megmagyarázza azt, hogy öntudatlan, spontán csak úgy kisujjunkból kirázzuk tudományunk.

Ha megízleljük ezt, már egyre komolyabban vesszük, és foglalkozunk vele. Egyre több időt és energiát szánunk rá.

Egy idő után már természetesnek vesszük, hogy ezt felvállaljuk.

Azonban tisztában kell lennünk azzal is, hogy a Misszió, az életcél nem minden esetben szorítkozik a Hivatás életterületére.

Valaki a Küldetését az anyaságban találja meg. Őt a gyermekek nevelése, tanítása teszi teljes mértékben egésszé.

Így éli meg a teljességet és lelke teljes harmóniáját, boldogságát. Ez adja a napfényt életébe.

Más Valakinek az jelenti Sorsfeladatát, hogy bárhol is van Ő, mindig egy kulcsfigura lesz, vezéregyéniség. Aki mindenkire figyel, mindenkit meghallgat. Aki jó tanácsadó. Nagyon jó rálátása van a világra. Aki, mint egy tyúkanyó, védelmezi, támogatja, segíti a körülötte lévő embereket. Meglehet nincs is tudatában ezen fontos feladatának.

Sorsfeladataink tehát egyértelműen szerteágazóak. Meglehet, nem Mindenki kapja meg áhított válaszait Sorsküldetését illetően. Mégis, tudnunk kell, Mindenki fontos szerepet tölt be kis világunkban.

Mindenkire szükség van.

# Lehetőségeink

E bejegyzésemben szeretném boncolgatni kicsit a Ránk váró jövőt. Pontosan itt, az Előttünk álló esélyeinkre szándékozok kitérni.

A Tarot tanácsadások alkalmával minduntalan megnézzük, hogy milyen lehetőséget tol Elénk az élet adott, aktuális témában.

Meglátásom, nagyon nagy szükség van erre. Legtöbbünk fél az ismeretlentől. Attól, mi várhat rá az elkövetkezendő időben, életszakaszában.

A Tarot üzenetei segítségével be tudunk kukkantani azon lehetőségeinkbe, melyek várhatóan jönnek Felénk, a megoldás kulcsát adva kezünkbe. Az esélyeink felfedése egy-egy ilyen konzultáció, beszélgetés során hatalmas megnyugvást tud hozni.

Egyfelől azért, mert mindig és mindig azt adják vissza a Tarot válaszai, amit a kis Belső hangunk folyamatosan súg nekünk. Megerősíti válaszaink.

Másfelől, mert erőt, bátorságot szerzünk általa. Mert már látjuk a nehézség végét, azt, hogy végre megoldódik helyzetünk.

Az Univerzum megadja számunkra azon lehetőségeink, melyek elhozzák a kívánt végeredményt életünkbe adott ügyben, dologban. Miután döntésre jutottunk, „megnyílnak a kapuk", és esélyeink láthatóvá válnak.

Ám a Szabad Akarat itt is munkálkodik. Megléphetem az új esélyem, és elindulhatok azon úton. Avagy, épp ellenkezőleg. A döntés az Én kezemben van. Rajtam múlik a választás.

És le is írnék egy megtörtént esetet, tapasztalást erre vonatkozóan.

*„Kedves Hölgyvendégem szeretett volna rálátást nyerni a szerelmi életére. Egy, a már meglévő párkapcsolata érdekelte legfőképp. Az információk nagyon tisztán láthatóvá tették a kötelék nehézségeit, problémáit. Ezzel egyidejűleg rávilágítottak a kapcsolat működésképtelenségére, és annak a jövőben várható lezárására. Ugyanakkor az üzenetek megmutattak Valaki mást is, aki, mint potenciális partner, társ, esélyként jönni fog a Hölgy életébe hamarosan. És akit nagyon régóta ismer.*

*Csupán néhány nap telt el, és fel is bukkant a Férfi. Kiderült, hogy több mint húsz évvel ezelőtti ismeretsége, tanulmányai révén. El is indult köztük a kommunikáció. Az Úr, ezen időszakban külföldön élt, de szándékában állt hazaköltözni Magyarországra a Hölgy kedvéért. Valamelyik beszélgetésük alkalmával a Hölgy bevallotta, hogy jelen pillanatban még párkapcsolatban él. A Férfi erre reagálva eltűnt, mivelhogy Ő tiszta lappal szeretett volna indulni közösen a Hölggyel. Azt hiszem, ez érthető.*

*A Hölgy valamivel utána megkérdezte Tőlem, hol az esély, amit annyira előrevetítettek a lapok?”*

Természetesen nem ítélhetünk el senkit, és pálcát sem törhetünk senki felett, hiszen nem vagyunk a helyében, nem tudjuk Ő hogyan élte meg ezt az egészet. Mindazonáltal ez egy nagyon jó iskolapélda volt arra, mennyire kicsúszhatnak kezünkből a lehetőségeink.

Esélyeinkkel egy lehetséges jövőképet kapunk. A néhány sorral ezelőtt említett ismeretlentől való félelem is gyakorta közrejátszik abban, amiért oly nagy lelkesedéssel és izgatottsággal, de feszülve kutatjuk Mi is vár Ránk az elkövetkező periódusban. Ha feltárják előttünk igencsak képlékeny, és egyelőre megfoghatatlan „holnapunk", ezzel a szorongásinkat küzdjük le egyúttal. Tudniillik, abban a pillanatban ráeszmélünk, hogy jöhet bármi, Mi képesek leszünk szembenézni az akadályokkal. A Tarot szembeállít Minket a lehetséges, esetlegesen legrosszabb kimenetellel. Így az ismeretlen felfedi magát. Ezek tudatában már bátrabban lépünk előre.

Megtörténik, hogy azzal szembesülök, hogy az emberek nyugtalanok lesznek, szinte bepánikolnak, kétségbeesnek bizonyos információk kapcsán, a (lehetséges vagy várható) jövőbeli történések hallatán. Még akkor is, ha azok egyértelműen kedvezőek számukra, és pozitív töltetűek.

Azt hiszem, jogos a szorongásuk. Hisz, bármennyire is jól alakulnak dolgaink a kártya előrevetítései alapján, mégis ijesztő lehet, ha a kis lelkünk még nem ott tart.

Ha még nem vagyunk rá felkészülve. Tudnivaló egyrészt, amikor a lehetőségeink feltárulnak Előttünk, ott a jó öreg döntési jogunk. Másrészt, amikor időben már odaérünk, hogy ügyeink, dolgaink beérnek, az életünk, a lelkünk ezekre addigra készen áll. Valószínű bizonyos történések, események, sőt maga az idő is közre fog játszani ebben. Akkorra már másképp látjuk az egészet. Megváltozik a hozzáállásunk, netán vágyaink, már más szemszögből közelítjük meg esélyeinket, és ez alapján hozzuk meg merre is menjünk tovább. Univerzum mindig abban támogat Minket, ami Nekünk jó. Amire szükségünk van. Ami szépség és harmónia lelkünknek.

Nem utolsósorban tudnunk kell, az Univerzum támogatása abban is megnyilvánul, hogy a lehetőségeink rávilágításával tisztázhatjuk a kártya segítségével, milyen veszélyek leselkedhetnek Ránk az úton. Figyelmeztetnek, óva intenek Minket érintő fenyegetettségtől. Rámutatnak a felmerülő bukkanókra, akadályokra. Ezekkel segítve célunk elérését.

# Kapcsolataink

A legnagyobb leckéink, feladataink emberi kapcsolatainkban rejtőznek. Itt van a legtöbb tennivalónk. Nem feltétlenül a pár-, illetve társkapcsolatokat kell érteni ezalatt. Ide sorolható minden egyes más jellegű kötelékünk is. Legyen az egy baráti szövetség, egy kollegális viszony, vagy épp valamely családtagunkkal lévő kapcsolódásunk akár. A Tarot konzultációk jókora részében e terület kerül terítékre. Megannyi féle kötelék, viszony működik manapság. Gyakran alig-alig igazodunk el bennünk. Van egyfajta bonyolultságuk, amiben gondot okoz, hogy nem látunk tisztán. Mindemellett, ha ez még nem volna elég, nem könnyíti meg helyzetünket, hogy képtelenek vagyunk sokszor teljesen megnyílni másoknak. Nem tudunk kommunikálni.

Erősen élnek még lelkünkben a múlt fájó emlékei, tapasztalásai, kényelmetlen megélései. Mindennemű kapcsolatunk, kapcsolódásunk mögöttes tartalommal bír. Valamit ezen összeköttetéseinkben fel kell ismernünk. Tanításul szolgálnak úgyszintén, mint más egyéb dolgok életünkben.

Amit itt feltétlenül ki kell hangsúlyoznom, hogy a legerősebb, legmeghatározóbb karmikus kötelékeink hozzák magukkal a legnagyobb megpróbáltatásainkat, tennivalóinkat. Téveszme azt gondolni, ha megtaláljuk életünk szerelmét teszem fel, nyugodtan hátradőlhetünk és nincs semmi dolgunk, csak élvezni az életet.

Számtalan Tarot Vendégem története bebizonyította, hogy legfőképp ezekben a kapcsolódásokban van részünk gyakorta macerákban, komplikációkban. Ezekben leledzik számos egó harc, küzdelem, falakba ütközés. Ugyanúgy jellemzi ezeket a kontaktokat az ellenállás, és ennek eredményeképp a kapcsolat stagnálása is. Figyelemre méltó viszont az a megállapítás, hogy bármekkora akadályoztatás, megtorpanás is, mint jellemvonás húzható rá a másikkal való viszonyunkra, mégsem vagyunk képesek elengedni egymást.

Érthetetlenséggel állunk szemben ilyenkor. Nem igazán világos, miért is van ez?

Meg kell értenünk, ennek is oka van, mint mindennek. Mégpedig az, hogy még mindig ott az Energia két ember között.

Meglehet jó ideig nem találkoztak, sőt, nem is kommunikáltak semmilyen formában egymással, mégis intenzíven élik meg folyamatosan a másik hiányát.

Ha kicsit is átgondoljuk, ennek van alapja. Hiszen, ha kötődünk Valakihez, de az illető számára közömbösek vagyunk, semmiféle pozitív érzelem nem munkálkodik Benne irányunkba, akkor bármilyen mértékben is fáj, de bizonyos idő elteltével el tudjuk Őt engedni. Természetesen nem kerüljük ki a veszteség, a gyász okozta szenvedést, a kínt, a könnyeket.

Mégis, egy kis idő múlva lezárjuk magunkban. Mind fizikálisan, mind energetikailag el tudunk szakadni a másiktól.

Ámde, ha még két ember nem tud lekapcsolódni egymásról úgymond, az jelzi, hogy dolguk van még egymással.

Szintén számos tapasztalatot szereztem azt illetően a Tarot – és ezáltal az Univerzum feleletei révén –, hogy egyfolytában ott az esély, miszerint egymásra találnak, és felvállalják kötelüket.

De – érzelmeik dacára – mégsem történik nagyon semmi. Tolódik ki a megvalósulás, a csodálatos végkifejlet. A két lélek összekapcsolódik, érzik szívük mélyén a köteléket, de az elme gátat szab a megvalósulásnak. Itt jön képbe a Szabad Akarat, melyet nem lehet, de persze nem is tudunk, és nem is szabad befolyásolni. Ezernyi oka lehet, amiért a másik fél nem mer beleugrani a kapcsolatba. Amiért nem tud, és nem is akar felelősséget vállalva, egy magasabb szintre emelni a kapcsolódást.

Néhány példa... előfordul, hogy még a múlt húzza vissza. A boldogtalan, sikertelen kapcsolatok emléke. Meglehet Ő maga retteg a komolyabb elköteleződéstől. Vagy épp nem szeret nagyobb felelősséget vállalni semmiben sem.

Olyan példa is akad, aki nem bízik magában, és félelmét azzal magyarázza, hogy nem lesz képes helytállni egy társkapcsolatban. Nagyon-nagyon sok alkalommal beszélnek a lapok üzenetei ugyanarról.

Arról, hogy még mindig ott az esély, a lehetőség a várva várt, Szeretett lénnyel kapcsolatban.

Ezzel akarják az Égiek tudatni Velünk, hogy ne adjuk fel, annak ellenére, hogy a tények nem ezt mutatják. És annak dacára, hogy úgy érezzük, a másik szinte fényévekre van Tőlünk. Ebben az idegőrlő, feszüléssel, görccsel teli állapotban van leginkább helye és létjogosultsága az Elengedésnek, melyről más bejegyzésemben szó esik. Érdemes arra is kitérnem, hogy nem minden szerelmi, illetve Férfi-Nő kapcsolódás végeredménye, végkifejlete a boldog „Ásó-Kapa-Nagyharang".

Természetesen ezen kapcsolódások is okkal alakulnak ki.

Feladatuk van egymással. Létezik, hogy egy tanítással szolgál az ismeretségük.

Ez gyakorta mindkét félre igaz. Valamit okulnunk kell a másikkal való kontaktból.

De olyan is előfordulhat, hogy egy karmikus adósságot rovunk le az együtt töltött időszakban.

Módfelett érdekfeszítő, izgalmas dolgot állapítottam meg hivatásomban a sok-sok év alatt a kapcsolatainkra vonatkozólag ezeken kívül.

Egy példa:

*Megesett, hogy bizonyos Tarot Vendégemnek már több alkalommal néztünk rá kis életére.*

*A fókuszban az Ő magánélete, szerelmi élete állt.*

*Jóideje ott van a mindennapjaiban az a Valaki, akit a lapok folytonosan, tartósan jeleznek, mint leendő, potenciális Társát a jövőben. Mindenkor egy boldog, sikeres Szövetségre utaltak az információk. Ámbátor, a realitás mást mutatott.*

*A pikantériát az adta, hogy valamennyi időszak elteltével megjelent egy másik Személy, akire teljesen, ugyanúgy ráillett minden, amit addig közvetített az Univerzum a kártyalapokból.*

Ez számomra olyan felismerést hozott, miszerint a lapok mindig és mindig adott Energiát mutatnak.

Ami, mint ebben az esetben is, ráhúzható a jellemzőivel, mind az egyik, mind a másik karakterre, szereplőre.

Ebből kiindulva teljesen érthető, hogy maga az Energia, valamint annak minősége mutatkozik meg aktuálisan mindenkor, aminek akkor helye van életünkben, és ezzel az Energiával vonzzuk be azon Személyeket, akire ez passzol. Ez esetben a párkapcsolatban.

Még egy lényeges megállapítás, mint úgyszintén tapasztalat, ami ide kapcsolható.

És akkor itt is kitérnék az Univerzum szervezésére, „játékaira".

Miképpen, hogy az Univerzum felülírhatja eddigi Sorsunk.

Miről is beszélek?

Ezt érzékeltetném az előbb említett példával.

Az Égiek esélyként, afféle lehetőségként küldik kis életünkbe adott, elrendelt Társunk, párunk.

De! Adódik, hogy a Mi szívünknek oly Kedves Oldalbordánk bizonyos idő után sem teszi meg rég időszerű lépéseit. Ezért, azért, amazért. Következményképp ebből adódóan az Univerzum „újraindíthatja a rendszert". Magyarán, átírja jövőnk, és így ezzel más lehetőséget kapunk általuk.

Egy másik jövőképet alkotnak Nekünk.

Az előző esetben azt teszik, hogy küldenek Más Valakit, akivel ugyanúgy esélyünk lesz beteljesíteni azt, ami Nekünk íródott. Megtalálva ezzel azt a harmóniát, gyönyörű köteléket, mely tökéletes lesz számunkra.

Kardinális arról is beszélnem, hogy amikor netán a várakozás frusztráló, nyugtalanító stádiumát éljük, igyekezzünk türelemmel hozzáállni ehhez. Ne siettessünk a végkifejlet eljövetelét. Hagyjunk időt a másiknak, hogy „odaérjen" Hozzánk.

Mint tudjuk, mindennek megvan az elrendelt helye, ideje és módja. Ne rontsuk ezt el azzal, hogy úgymond megerőszakolva a Sorsot közbeavatkozunk.

Lehet, hogy Én már készen állok egy komolyabb elköteleződésre, és hogy úgy fejezzem ki magam, már fent vagyok a hegycsúcson, a másik viszont még lent toporog a hegy lábánál.

Meg kell értenünk, még Őrá várnak olyan leckék, „pofonok", megélések, melyekkel dolga van. Mely tanítások „felébresztik" Őt.

Ezt azért is kulcsponti és meghatározó tudomásul vennünk, mert így fogjuk Őt „megkapni" a megfelelő minőségben. Így lesz egyenrangú Társunk.

Tapasztalataim közé sorolható az is, hogy az Igazi, mély és Őszinte Szövetségek akkor jöhetnek létre, ha mindkét fél tesz ezért.

Mindenkinek megvan a feladata, szerepe ahhoz, hogy ezt meg tudják teremteni.

Megtörténik, hogy egyik, avagy másik személy nem képes „megugrania" Önmagát, nem tud fejlődni. Sajnos, ez is, mint akadály is felmerülhet egy kapcsolat létrejöttében, kialakulásában.

Tudniillik, nem ugyanazon szintet érik el a Tudatosság lépcsőfokain. Ez egy idő után távolságot emelhet két ember, és a kötelékük közé. Mindemellett jó tudni, nemcsak annak van még leckéje, akire Mi oly nagy szeretettel várunk. Kifejezetten szinte mindenkor a tanácsadásnál előkerülnek azon tanácsok, miszerint a Mi dolgunk addig is, hogy türelmet gyakoroljunk.

Erre akarnak tanítani az Égiek. Tegyük addig is kellemessé mindennapjaink. Éljük meg az örömöt, találjunk olyan tevékenységet, foglalatosságot, mely jót tesz kis lelkünknek, és mosolyt csal arcunkra.

# Döntéseink

Életünk tele van döntésekkel. Mindennapjaink során megszámlálhatatlan elhatározással állunk szemben. Szinte folyamatosan a választás dilemmáját éljük meg úgy, hogy gyakorta fel sem tűnik már. Ott vannak a mindennapokban fellelhető kisebb választásaink, melyek, ha úgy vesszük teljesen természetesek. Meglehet nem is tulajdonítunk nekik már különösebb jelentőséget. De ott vannak azon döntéseink, melyeknek hangsúlya van további életünkre nézve. Mindannyian tapasztaltuk már, mekkora problémát tud okozni Nekünk némely eldöntendő kérdés.

A Tarot kártyával a konzultációk során megtekinthetjük, hogy milyen opcióink, alternatíváink vannak a jövő tekintetében a feltett kérdéskörnél.

Döntéseink, választásaink nagy horderejűek. Hisz a döntések lépéseket vonzanak maguk után, következményeket élünk meg ezek révén.

Meghatározóak.

Nem véletlen, hogy az emberek majd mindenkor akkor fordulnak segítőhöz, Spirituális Szakemberhez, amikor egy macera, nehézség kellős közepén állnak.

Tőlük várnak megerősítést. Meghallják intuícióik, lelkük súgó feleleteit, de szükségük van Valakire, akitől ezeket visszahallják. Egyfajta engedélyt kérnek ezáltal.

Egyszerűen KELL egy igen, mielőtt összeszedve bátorságukat, mernek lépni, és elindulni a változás felé.

Azt hiszem ez teljes mértékben érthető. Mivelhogy, nagyon gyakran, olyan döntések előtt állnak, melyek következményei, hatásai, hatalmas változásokat vonnak maguk után. Tapasztalom, hogy még a legmagabiztosabb egyének is támaszra szorulnak ilyen alkalmakkor. Rossz döntések nincsenek. Legfeljebb a célbaérésünk toljuk ki valamelyest időben.

Ha valami nem az Utam része, azt megmutatják a Tarot lapjai, üzenetei.

Ugyanígy érzékeltetik ezt az Égiek is különféle formában.

Fontos tudni, mekkora jelentősége van nemcsak választásainknak, de ezzel egyidejűleg mozdulásainknak is. Ha elhatározásra jutunk egy-egy dologban, és elindulunk annak megvalósításában, manifesztálásában, olyan kapukat nyitunk meg, amik egyébiránt zárva maradnának.

Cselekedeteinkkel, mozdulásainkkal olyan embereket, lehetőségeket vonzunk be életünkbe, akiket/amiket csak úgy kapunk meg, ha nekivágunk Utunknak.

Olyan szituációkban, eseményekben találjuk magunkat, melyeket máskülönben nem élnénk át. Egyébként nem volna részünk benne. Ezért is kulcsfontosságú, hogy merjünk döntéseket hozva cselekedni! Ha kell, kockáztatni.

Tenni azért, amit igazán szeretnénk.

Érdemes ezen kicsit morfondírozni... gondoljuk csak át.

Az Univerzum hogyan is patronálná életünk addig, amíg Mi magunk sem vagyunk tisztában merre is akarunk menni, egyáltalán mit is akarunk? Amíg a hezitálás energiájában mozgunk, az Égiek is tehetetlenül néznek arra várva, mikor is tesszük le a voksainkat egyik, avagy másik irányba. Megkapjuk a támogatásukat, de ehhez feltétlen szükségeltetik az, hogy elkötelezzük Magunkat adott tervünkben, vágyunkban, és útra keljünk. Nem utolsósorban központi fontosságú döntéseink mielőbbi meghozatala.

Megelőzve azt, hogy netalán a túl sokáig tartó hezitálásunkkal elszalasztjuk előttünk álló lehetőségeink.

# FELMERÜLŐ AKADÁLYOK, NEHÉZSÉGEK

Akadályaink életünk velejárói. Ha úgy vesszük, ők is hangsúlyos szerepet játszanak életünkben. Hiszen útjelzők, irányadók Utunk során.

Legfőképp, ha huzamosabb ideig folyó megpróbáltatásban, megtorpanásban van részünk.

Nagyon fontos odafigyelni ezekre, mint jelekre. Mint oly sok minden más, ezeknek is fontos üzeneteik vannak számunkra.

Visszatükröződhetik, hogy nem vagyunk jó helyen, nem a részünkre kijelölt úton haladunk.

Ne vegyük félvállról azokat az érzéseinket, melyek negatív töltetűek, és általuk szinte állandó szorongást, stresszt élünk meg. Az Univerzum ilyenkor azt közli Velünk ebben az állapotban, helyzetben, hogy fel kell hagynunk az eddigi, lelkünket nyomasztó nehéz élethelyzettel. Eljött az ideje a változtatásnak. Legyen az egy hivatás, munka, vagy épp kapcsolat például.

A gyötrelmek, fájdalmak révén a Sors lökni akar Minket egy olyan ösvényre, ami csak Nekünk íródott. És ami folytán egyszer csak révbe érünk, és megtapasztaljuk a tökéletességet, teljességet.

Jómagam saját bőrömön is tapasztaltam ezt egykor.

Hosszú időn át volt társam, hogy így fejezzem ki magam a stressz, a görcs.

Valahogy mindig az volt Bennem, hogy nem a megfelelő helyen vagyok, és nem aszerint élek, mint amit legbelül mindig is éreztem.

Bizonyos idő elteltével már kezdtem tisztán látni a dolgaim, és egyre inkább világossá vált számomra, hogy változtatnom kell. Ami utat addig jártam, annak a szavatossága, határideje lejárt úgymond. El kellett kezdenem felépíteni a saját létem, amiért itt vagyok.

Óriási jelentősége van annak, hogy ha ezek az érzéseink elhatalmasodnak Rajtunk, vonuljunk vissza kicsit a külvilágtól, és értékeljük át addigi életünk. Próbáljunk a felszín, a történések mögé nézni, és meglátni a valóságot. Ezzel az elmélyedéssel, személyiségünk feltárásával afféle bölcsességre teszünk szert, mely közreműködésével szembenézhetünk félelmeinkkel, a problémáink gyökerével.

Ugyanígy felszínre fognak törni elrejtett vágyaink is.

Ha úgy vesszük, rendet teszünk életünkben. A kis lelkünk szavát fogjuk meghallani.

A Tarot üzenetei gyakorta bátorítanak Minket az elindulásban, a továbblépésben.

Erővel, energiával vérteznek fel, hogy képesek legyünk a szükséges lépéseink megtenni.

Az Univerzum mindenképp affelé fog terelni Minket, amerre mennünk kell.

Előfordul, hogy sokat agyalunk, és túl sokáig mérlegeljük a dolgaink anélkül, hogy végre mozdulnánk.

Tudnunk kell, hogy ilyenkor kapjuk azokat a törvényszerű Sorsszerű fordulatokat az élettől, amik folytán kénytelenek leszünk beleállni a változásba.

Ha valamivel karmikusan feladatunk van, és Mi még mindig a félelemtől vezérelve halogatjuk a döntéseink, az Égiek nyomatékosan, egyértelműen „tudatni" fogják Velünk, mi az irány. És ekkor jönnek életünkbe azok a nagy horderejű „pofonok", megélések, történések, szituációk, melyek hozzák magukkal az időszerű változást.

Abban a pillanatban nem biztos, hogy érteni fogjuk az okokat, azt, hogy mi miért történt. Meglehet sokként, szinte traumaként fog Ránk zúdulni a nem várt fordulat. Kis idő múltán azonban világossá válik számunkra, hogy annak a változásnak helye volt az életünkben. Létfontosságú, hogy elfogadjuk a módosulásokat. Hagyjuk szeretettel és békével áramoltatni dolgaink. Éljük meg az elengedést. Ne ragaszkodjunk idejétmúlt, már nem működőképes dolgokhoz, kapcsolatokhoz.

Természetesen kisebb-nagyobb dilemmák, megpróbáltatások előfordulhatnak akkor is, amikor már a privát Utunkat tapossuk, és azt az életet éljük, amit élnünk kell.

Ugyanakkor ezen akadályaink inkább megoldandó leckék.

Legtöbbször valamiféle tanítással gazdagítják életünk. Formálják, alakítják kis személyiségünk.

Vannak olyanok, akik egy-egy ilyen sikertelen, problémás, nehéz élethelyzetet úgy fognak fel, hogy a Sors, az Élet, vagy lehet épp Isten bünteti Őket. Szó sincs erről. Csupán az elakadással, kudarcokkal, fennakadásokkal próbálnak Nekik rávilágítani arra, hogy más útvonalat kell keresni. A rossz is értünk van.

Még a jelen pillanatban esetlegesen fájdalmasan, szenvedéssel megélt történések is a későbbiek folyamán le fognak tisztulni Bennünk. Rájövünk, miért volt ezekre szükség.

Tisztán fogjuk érzékelni például, hogy az adott hivatást miért nem mi kaptuk meg... vagy például miért nem jött össze az a kapcsolat, amit oly nagyon szerettünk volna. És még sorolhatnánk. Mindennek oka van.

Ha egy kicsit is visszapörgetjük életünk eddigi történeteit, eseményeit, rá fogunk döbbeni, hogy az Univerzum mit miért tett. Mosolyogni fogunk tökéletes időzítésén, és azon ahogy életünk rendezi. Amit még itt kiemelnék, hogy fájdalmas megtapasztalásainknak úgyszintén jelentőségteljes feladata van. Ezen megéléseket, leckéket is úgyszintén okkal kapjuk. Azokat kikerülni nem tudjuk, át kell érezzük hatásaikat. A Tarot a legtöbb esetben óva int minket, figyelmeztet a veszélyre. De vannak olyan események, történések, melyeket az Univerzum nem közöl Velünk fogalmazzunk így. Átugorja ezeket.

Itt szeretnék egy konkrét Kedves Vendégemmel való esetet leírni, hogy jobban megértsük, miről is van szó

*„Egy Hölgyvendégem kért többedjére tanácsadást. Tudni kell róla, a főállása mellett van egy célja, terve, amit szeretne megvalósítani.*
*Ezzel kapcsolatos volt a kérdése is. Konkrétan egy, a közeljövőben esedékes tárgyalás érdekelte. Mi várható, hogyan alakul stb.? Teljesen tisztán, egyértelműen az Égiek üzenetei kölcsönös, eredményes megegyezésre utaltak. Mely szerződéskötés a jövőben hozza a kívánt profitot, eredményt, sikereket, bőséget. Valamikor talán körülbelül fél évvel később beszéltem utána a Hölggyel. Más ügyben keresett meg. A konzultáció végén szóba került a tárgyalás is. Kiderült, hogy sikertelen volt a találkozás.*
*Hamisság játszott közre, nem úgy alakultak a dolgok, ahogy várták.*

*Valamennyi pénzveszteséget is megéltek.*
*Nem értettük. Elkezdünk beszélgetni, és kiderült, Én*
*kérdeztem Tőle még a múltban, azelőtt volt-e bármi*
*csalódása, fájdalmas tapasztalása, vesztesége ezzel*
*kapcsolatban?*
*A Hölgy azt válaszolta akkor, hogy nem.*
*A kommunikáció során rájöttünk, hogy amit a lapok*
*múltbéli negatív megélésnek mondtak, az maga a tár-*
*gyalás volt.*
*Ő előtte állt még annak.*
*Oka volt, amiért a lapok előre nem jelezték számára*
*ezt a negatív élményt. Neki ott, akkor ezt élőben kel-*
*lett átélnie."*

Még néhány keresetlen szót ejtenék a fájdalmas megé-
léseinkről. Minden értünk van. Néha talán a külvilágot
okoljuk a szenvedésünkért, a fájdalomért, amit el kell
viselnünk. Néha talán önmagunk. Muszáj elfogadnunk,
hogy minden negatív, kellemetlen érzés, vagy épp kínzó
szenvedés, mind-mind eszköz jövőnk építésében. Tény-
leg jól járnánk, ha csak minduntalan örömöt, harmóni-
át élnénk meg nap mint nap?

Elégedettek lennénk ettől, és így megkapnánk a teljes-
séget, boldogságot? Természetesen jómagam sem szere-
tem a gyötrő, negatív érzések jelenlétét saját kis életem-
ben, mégis, elengedhetetlennek tartom őket.

Mennyivel felemelőbb érzés megszerezni teszem fel
egy-egy dolgot, amikor megdolgozunk érte. Nem azt ál-
lítom, hogy csak és kizárólag nehézséggel, megpróbál-
tatásokkal teli napokat töltsünk el. Mégis, hatalmas fel-
adatuk van.

Fejlődni, emelkedni csak ezek révén tudunk. És valljuk be, sokkal jobban értékeljük a szépet, a jót, az örömet, hisz megtapasztaltuk az ellenhatást is. Mindkettőre szükség van. Kell a fény, de kell a sötét is. Szükségünk van a jóra, de a rosszra is. Egyik a másik nélkül nem létezik. Yin és Yang.

# FÉLELMEINK

Mindannyian ismerjük ezt az érzést. Néha igyekszünk őket nem figyelembe venni, néhanapján van elég merszünk, hogy szembenézzünk velük. Néha pedig csak egyszerűen szőnyeg alá söpörjük őket.

Rettegünk, félünk, pánikolunk. Oly sok dologtól. Pedig nem tudatosan irányítjuk jelenlétét. Kénytelenek vagyunk előbb vagy utóbb „elkapni" rettegésünk „tárgyát", és igyekezni leküzdeni őket. Rengeteg álmunk, vágyunk elérésében gátat emelhet... akadályként falat húz néha még talán a legalapvetőbb élményeink megélésében is. Gúzsba köti lelkünk.

Sok arca létezik. Számtalan formában bukkant fel éveink alatt. A félelem, mint olyan, óriásit változott, módosult az évezredek, évszázadok alatt. Már közel sem arról a rémületről van szó, mint amikor őseink az életükért küzdöttek, és szinte mindennapos volt a túlélésért való harc.

Nem arról az ijedelemről beszélünk már rég, ami ösztönösen előjön egy vészhelyzetben, és segít abban, hogy életben maradjunk. A Mi társadalmunk egészen másféle szorongáson megy keresztül. Persze ez így van jól. Bennünk már akár egy árnyalatnyi nehézség is hatalmas ellenállást válthat ki. Ez a Mi próbatételünk. Ebbe születtünk bele.

De miért éljük meg ennyire, szinte pánikba esve életünk nem várt, kellemetlen, negatív fejleményeit?

Talán a válasz az, saját meglátásom alapján, hogy az ismeretlen ingerek, szituációk felbukkanása váltja ezt ki Belőlünk. Nagyon nem kedveljük a változásokat, főleg akkor, amikor nem a Mi döntésünk eredményeképp szembesülünk velük. Idegenkedünk attól, hogy a mindennapi, megrögzött, nyugalmat árasztó szokásainkban, rutinjainkban borulás következzék be. Meglehet nem vagyunk mindig elég rugalmasak Mi sem.

Úgy érzem, hogy legtöbbször pusztán az első reakciónk hatására fogjuk fel sötéten a dolgaink. Kis idő elteltével, megnyugodva képesek vagyunk már tisztán, derűsebben hozzáállni a változásokhoz.

Az első reagálásunk, azt, hogy épp mennyire vált ki Belőlünk a hirtelen, váratlan esemény ijedelmet, illetve milyen mértékben, nyilvánvalóan az eddigi életéveink tapasztalásai határozzák meg többek között. Elgondolkodtató, hogy ezen lehet-e módosítanunk? Hisz mégiscsak egy ösztönös, akaratlan visszacsatolásról lévén szó. Minden félelem addig uralkodik Felettünk, Bennünk, amíg képesek vagyunk vele szembenézni, és beleállni olyan szituációkba, melyek segítségével legyőzzük őket.

A legideálisabb stratégia, ha leülünk, és higgadtan, kiegyensúlyozottan végigpásztázzuk, kielemezzük, mi az a legrosszabb, ami történhet Velünk ennek következtében? Mi az a számunkra, az életünkre nézve legkedvezőtlenebb esemény, melyet talán meg kell élnünk? Úgy látom, ez hatásos eszköz, hogy nagymértékben csillapítsuk a testünkben, lelkünkben végigmenő pánikot. Ha már teljes tisztasággal érzékeljük a választ, ez már fél siker ahhoz, hogy a megoldás is megszülessen elménkben.

A legnagyobb gát oly sokszor Mi saját magunk vagyunk. Ez vonatkozik életünk minden területére. Aggodalmainkkal, felesleges szorongásainkkal igencsak meg tudjuk nehezíteni életünk, és azon dolgokat, melyeket szeretnénk megteremteni. Ezen félelmeink gyakorta fóbiáink is. Megannyi alkalommal kivetítik őket a Tarot kártya üzenetei. Rettegünk az ismeretlentől, attól, hogy mi vár Ránk a jövőben. Szinte pánik fog el Minket néhanapján egy-egy döntésünk lehetséges következményeit illetően.

Evégett van az, hogy nagyon nehezen hozzuk meg már épp időszerű lépéseink.

Sűrűn lehet érzékelni a tanácsadásnál, hogy az illető egy másik, előző életből hozza ezeket a negatív érzéseket. Itt már sokszor olyan negatív blokkokról beszélünk, amit Mi magunk külső segítség, Szakember közreműködése nélkül nem tudunk megoldani, feloldani. Létfontosságú szembenézni velük. Tapasztalom munkám során, hogy mennyire akadályozó tényező tud lenni bizonyos megvalósulásoknál. Nemcsak időben tudja a végeredményt kitolni, de közrejátszik abban is, hogy meglétükkel saját személyes fejlődésünkben emelünk falakat.

Több Vendégem Sorsában látok ilyen megakadást a kétségek, aggályok miatt.

Párkapcsolatok állnak ebből adódóan például. Az Energia ott van, az erős érzelmi kapcsolódás úgyszintén. Mégsem mernek felelősséget vállalva elindulni egy közös úton.

Megbénítja Őket a múlt tapasztalásai, negatív megélései, kudarcai. Sok esetben látom, hogy egy előző életben átélt fájdalom, veszteségélmény emlékét hordozzuk, és hozzuk át karmikus feladatként mostani életünkbe.

Sajnos hajlamosak vagyunk az ezekből kialakuló sérüléseinket tovább hurcolni magunkkal hosszú évekig. Addig, míg azok megoldására rá nem találunk.

Megfontolandó, hogy járjunk utána ezeknek a lelkünkben „ragadt",

Hozzánk oly nagyon ragaszkodó „démonoknak."

Tisztán kell látnunk azt, hogy ez esetekben elengedhetetlen Spirituális, vagy más Szakemberrel való együttműködés, akivel közös munka során dolgozhatunk ezen problémáinkon, fejlesztve ezzel személyiségünket, és emelve e módon életünk minőségét.

# Az Elengedés fontossága

Nem győzöm hangsúlyozni az Elengedés oly meghatá-
rozó szerepét.

Ezen bejegyzésben szeretnék erről részletesebben be-
szélni. Munkám során számtalanszor tapasztalom, lá-
tom, érzékelem jelentőségét, fontosságát.

Hatalmas változásokat, megoldásokat hozhat éle-
tünkbe, ha merünk élni az elengedéssel, és alkalmaz-
zuk. Ha nem félünk úgymond az Univerzumra bízni éle-
tünk alakulását.

Mindannyian átéltük már, hogy ezt bizony tanulni
kell. Megtapasztalni. De ha csak egyszer is megvilágo-
sodik előttünk ennek „eredménye", elhisszük, hogy min-
den úgy történik, ami Nekünk a legjobb.

Azt gondoljuk, ha valami számunkra rossz dolog tör-
ténik, ha valami nem úgy alakul, ahogy azt Mi eltervez-
tük, az már a vég. Kudarc. Talán az játszódik le Bennünk,
hogy a Sors rosszat akar.

Pedig mindig bebizonyosodik, hogy csak vezetik éle-
tünk. Azzal akarnak gyakorta jót tenni, ha elvesznek Tő-
lünk például kapcsolatokat, munkát, lehetőségeket és még
sorolhatnám. Hinnünk és bíznunk kell abban, hogy va-
lahol „ott fent" tisztában vannak mit és miért tesznek.

Merjünk tehát elengedni, lazulni. Azonnal fogjuk
érezni hatását.

Azért is, mert hihetetlen energiák fognak felszabadul-
ni lelkünkből. Érezni fogjuk a megkönnyebbülést. Szó
szerint pozitív energialöketet tapasztalunk. Erősebbek,

energikusabbak leszünk. Az lesz Bennünk, hogy szinte az egész világot is képesek vagyunk kiforgatni a helyéről. Ekkor jövünk rá, mennyi energiát, időt vett el Tőlünk a rágódás, a sok-sok felesleges agyalás, aggódás. Egyfajta szabadság állapotában fürdünk. Észre fogjuk venni, hogy ezzel a megéléssel életünk egyik-másik területe szinte tüzet kap, és beindulnak terveink. Kimozdulunk egy stagnáló, semmi periódusból, amiben csak döcögtünk, akadoztunk. Ne féljünk hát a következményektől!

Ami a Miénk, az mindenképp meg fog érkezi Hozzánk, ha akarjuk, ha nem, akkor is. Még ha időigényes is a megvalósulása.

Ha ez lebeg lelki szemeink előtt, könnyebben, bátrabban, mosolygósabban leszünk képesek megélni mindennapjaink. Tudatában annak, hogy kísérnek és támogatnak az Utunk során. Nem árt, ha rendet rakunk abban, mit is takar, jelent maga az elengedés.

Semmiképp nem összekeverendő a lezárás fogalmával. A lezárás egy vég, ami görcsre, feszülésre, akarásra utal. Az elengedés tulajdonképpen egy rugalmas elfogadás.

Amikor békével, szeretettel befogadom azt, ami az Enyém, és ami jön az életembe, de ugyanakkor békével, és szeretettel fogadom el azt is, ha netalán másképp alakulnak az események, a dolgok. Ha úgy vesszük, hagyom sodortatni Magam az élettel. Lágyan, finoman. Természetesen megteszem mindeközben, ami az Én feladatom és felelősségem.

Magyarán megvágyom, amit szeretnék, aztán elengedem. Ez mindenkor egy azonosulás az Univerzum munkájával. Teljes mértékben az Égiekre hagyatkozom. Hagyom, hogy végezzék a feladataikat, rendezzenek.

Mondhatjuk úgy is, hogy áramoltatom a Sorsom az Univerzum által. Mindezt türelmesen, alázattal. Ezzel a hozzáállással nem csak szinte játszi könnyedséggel vonzom be azon történéseket, esélyeim, ami részemre íródott, de a lelkem is gyógyítom.

Hiszen leveszem róla az akarást, a feszülést, a nyomást. Cserébe örömmel, életerővel, vidámsággal mosollyal virágoztatom fel.

# A HIT

Ez az a témakör, mely úgy gondolom ugyancsak kulcs-
fontosságú szerepet tölt be létezésünkben.

Nem feltétlenül az Egyházi Hitre utalnék itt. Sem-
miképp sem áll szándékomban bárkit is meggyőzni Is-
ten jelenlétéről. Hitvallásunk, Belső meggyőződésünk
megannyi „kapaszkodót" takarhat. Úgy gondolom, majd-
nemhogy mindegy is, hogy hitvallásunk alapját mi adja.

Egyszerűen szükségünk van olyan valamire, vagy épp
Valakire, aki szorult helyzeteinkben, nehézkes küzdel-
meinknél ott van. Ami vagy Aki által ismét erőre kapunk,
és újból reményekkel telik meg a szívünk.

Sokan vallják magukat ateistának. Ugyanakkor Ők
is fogódzkodnak valamibe, ami támaszt, vígaszt ad Ne-
kik. Meglehet nincsenek is tudatában ennek.

Mindenki hisz valamiben... Önmagában, a Sorsban,
Istenben, az Angyalokban. De ugyanígy jelentheti a Hi-
tet például maga a Zene. Ezen erők olyan ajándékot ad-
nak Nekünk, amely megemeli lelkünk, és visszaadja el-
veszettnek hitt reményeink. Ilyen meglátások alapján
ateista ember nincs.

Merthogy a felsoroltak szerint a Zene, a magunkba
vetett Hit stb. helyettesíti Istent.

Képtelenség végig élni minden áldott napunkat anél-
kül, ha maga a Hit nem lakozna szívünkben. Meggyőző-
désem, hogy a legalapvetőbb kis ténykedéseinkhez is Hit
szükségeltetik. Ezen azért érdemes elmélkednünk picit.

Mert ugye a Hit az alapja a motivációinknak, a terve-
inknek, az elképzeléseinknek. Csak épp már nem vagyunk

tudatában ezeknek. Felettébb nagy hangsúlyt adnék annak a tapasztalatomnak, miszerint mekkora jelentősége van ezen Belső meggyőződésünknek. És itt egyértelműen nem a szimpla pozitív gondolkodásról van szó. A lelkünk mélyén el kell hinnünk, hogy meg fogjuk kapni mindazt, amit szeretnénk. Hogy azt megérdemeljük.

Munkám során számtalanszor tapasztaltam, hogy nagyban hátráltathatja nem megfelelő hozzáállásunk, helytelen gondolkodásunk, hitetlenségünk, és nem utolsósorban görcsösségünk a megvalósulásokat.

Az Univerzum feleletei gyakran bizonyos kérdéseknél a Tarotban teljesen nyilvánvalóvá teszik, és a tudomásunkra hozzák, bizony dolgunk van Hitünkkel. Változtatunk kell szemléletünkön. Másképp kell viszonyulnunk adott helyzethez, ügyhöz, kapcsolathoz stb. Természetesen ezek a változások nem mennek csettintésre. Megoldásként találjunk olyan dolgokat, végezzünk olyan tevékenységeket, melyek jó hatással vannak lelkünkre. Amik kihozzák belőlünk a magabiztosságot, emelik önbizalmunk, így erősítve Hitünk.

Tisztán érzékelhetjük, igazából a Hit mennyire szorosan kapcsolódik a Vonzás Törvényéhez. Ha képesek vagyunk teljes mértékben átérezni, szinte azonosulni vágyunk tárgyával, be is tudjuk vonzani azt.

# A HÁLA EREJE

E témakör nem kapcsolódik szorosan a Tarot munkájához, ugyanakkor kulcsszerepet tölt be életünk folyásában, így kardinális, hogy ejtsünk néhány szót erről is. Kötelességünknek érzem, hogy időnként tiszta szívből adjunk Hálát az Univerzumnak mindazon dolgokért, melyeket megkaptunk. Vagy azokért, amiktől megóvtak Minket. Foglaljuk őszinte Imába ezeket.

Szánjunk néhanapján pár percet Hálánk kifejezésére. Ez azért is kulcsponti, mert minden, amit elértünk eddigi éveink során, legtöbbször természetesnek veszünk. Pedig, ha kicsit is belegondolunk, láthatjuk, hogy egyáltalán nem azok. Azt hiszem sokszor nem is érzékeljük, milyen jó dolgunk van. Számtalan Ember még a mai világban is az alapvető szükségleteit sem tudja kielégíteni.

Nehézséget szenvednek szinte mindenben. Nem jutnak elegendő ételhez, nem tudják milyen hazatérni egy meleg otthonba. És még sorolhatnánk...

Mélyedjünk el ebben egy pillanatra. És nézzük életünket ezek tükrében picit másfajta szemszögből. Rakjuk tisztába értékrendünket.

Azt gondolom, mondanom sem kell, ne szükségből, vagy épp kényszerből tegyük ezt. Jöjjön ez az érzés teljes tiszta lélekből, alázattal.

Vigyük bele ezen érzéseket mindennapjainkba. Esténként pásztázzuk végig, aznap mik voltak azok a történések, dolgok, netán események, Személyek, melyekért köszönettel tartozunk az Univerzumnak. Ez formál lelkünkben egyfajta elégedettséget, és teremt szívünk mélyén igazi békét.

Az Univerzum ellát Minket mindennel, amire vágyunk, amit szeretnénk. A Mi feladatunk ebben a töretlen Hit, a tenni akarás, és nem utolsósorban a Hála érzése, annak kinyilvánítása.

Minél több dologért adunk nemes, igaz érzésekkel teli Köszönetet az Égnek, annál jobban leszünk képesek bevonzani a szépet, a jót, a bőséget életünkbe. Mindent, amivel teljesnek éljük meg napjaink.

# Tapasztalatok

Sok-sok kártyavetés, gyakorlás szükségeltetik ahhoz, hogy teljesen átlássuk, megértsük a Tarot lapok igazi lényegét, „lényét", szerepeit.

Úgy hiszem, ez egy életre szóló tanulás.

Több éves munka után is megélek újabb és újabb felismeréseket. Szignifikáns jelentősége van a Vendégekkel való kapcsolattartásnak, kommunikációnak. Hiszen az Ő visszajelzéseik, igazolásaik segítenek Minket abban, hogy összerakva a mozaikokat, megvilágosodjunk és felismerésekre jussunk.

Itt tüntetnék fel néhány, a munkámban megélt tapasztalatom, melyek által világossá vált a Tarot működése, „munkája". Összefoglalva egy csokorba őket.

Az egyik leglényegesebb, hogy a lapok üzenetei az Univerzum által felkínált lehetőségeket mutatják meg. De rajtunk áll, Mi mit kezdünk az adott esélyekkel.

A legtöbb dolog nincs kőbe vésve. A Tarot „csak" egy útmutató, egy iránytű. A megoldás kulcsát kapjuk meg tőle, de döntéseink, választásaink úgyszintén Tőlünk függenek.

Ily módon, a Szabad Akarat nagymértékben képes befolyásolni ügyeink végkifejletét, kimenetelét.

Az Univerzum a Tarot közvetítésével felhívja a figyelmünk a Ránk váró veszélyekre, óva intenek Minket gyakorta, de előfordul, hogy „elhallgatnak" információkat.

Általában a negatív, még előttünk álló olyan történéseket, akadályokat „kerülik ki", melyekkel mindenképp dolgunk van. Tapasztalásul kapjuk őket, tanulnivalónk van belőlük.

A Tarot tanácsadásoknál, a kirakásokban megfigyeltem, hogy a legtöbb alkalommal konkrét történéseket, képet kapunk előrejelzésként az épp aktuális témáról, de megtörténik, hogy a válaszok homályosak. A lapok mondandói körülírnak valamit, nem teljesen világos, miről is beszélnek.

Fontos tudni ugyanakkor, hogy a kérdező legtöbbször átlátja miről is van szó. Be tudja helyettesíteni saját kis életébe, helyzetébe.

Az idő képlékeny. Azt érzékelem munkámban, hogy a megvalósulások számos esetben csúsznak időben, váratnak magukra a végkifejletek. Rengeteg ok állhat ennek hátterében. Ismét említeném itt a Szabad Akaratot például. Vagy meglehet, nem tanultunk meg valamit. Netán türelmet kell gyakoroljunk. Az is előfordul, hogy nincs még itt az ideje a megvalósulásnak. Nem áll arra minden és mindenki készen.

Hatalmas ereje van úgyszintén Hitünknek. Nagyban ki tudja tolni ez is a vágyaink megteremtését.

A következő, amit lényegre törően ide kell sorolnom, mint felismerés, hogy elkerülhetetlen a változás, a változtatás.

Ahhoz, hogy valóra váljanak szándékaink, álmaink, muszáj a tettek mezejére lépnünk. Elindulnunk. Tisztában kell lennünk, hogy az Univerzum mindig ott áll mögöttünk, és támogatják törekvéseink, terveink, de ehhez az első lépést Nekünk kell megtenni.

Amit ismételten előszednék ide is, az az Elengedés. Ezt tanulnunk kell. Mint ahogy már szóba került, a Vonzás Törvényét működtetjük „használatával". Hatalmas ereje van. Eredményeképp türelemre, rugalmasságra teszünk szert. Megtanulunk békésen, szeretettel várakozni. Olyan lágyságot, könnyedséget viszünk így élethelyzeteinkbe, ügyeinkbe, kapcsolatainkba, mellyel áramoltatni leszünk képesek mindazt, ami el van rendelve. Ami jár Nekünk.

Nem minden alkalommal festenek az Égiek közlendői rózsás helyzetet. De tudnivaló, a rossz is értünk van! A fájdalmas, nehézkes periódusok, élethelyzetek, melyek következtében feszültséget, görcsösséget, a kilátástalanság érzését éljük meg, mind jelezni akarja számunkra, merre is menjünk. Afféle útjelző táblák. Terelnek Minket a Nekünk legmegfelelőbb ösvényre, irányba.

A kártya információi, mondandói nagyon sok alkalommal nem hosszútávra szólnak. Pontosabban minden esetben a Minket foglalkoztató témára vonatkozóan tárják Elénk annak megfejtését, bizonyos, általában rövidebb időszakra.

Az Univerzum válaszai mindig esetben arra fókuszálnak, hogy mi várható adott, aktuális problémánkban, illetve azokra milyen megoldásaink állnak a rendelkezésünkre az elkövetkezendő életperiódusunkban. Ezekre épül fel az egész konzultáció. A tanácsadás válaszai tartalmazzák az okokat, a lehetőségeinket az ügyre, dologra vonatkozóan.

Nem utolsósorban megtudhatjuk az Univerzumtól, milyen esetleges akadályok, buktatók jöhetnek közbe célunk eléréséig.

Tisztán érzékelhető, mint ugyancsak felismerés, hogy a kapott válaszaink majd mindenkor a végeredményt írják le az épp Minket foglalkoztató nehézséget, dolgainkat illetően.

A megoldásig, a vágyunk eléréséig, a beteljesülésig gyakorta nem beszélnek a lapok az addig, közben történt fejleményekről, eseményekről. Okkal teszik ezt.

A Tarot üzenetei, mondandói segítségével mindig a Belső hangunk által kapott válaszainkat halljuk vissza. Az Univerzum ezúton igyekszik megmutatni Nekünk a megfelelő helyes útvonalat, irányt. Ámbátor sokszor nélkülözhetetlen egy külső tanácsadó, aki megerősíti intuíciónkat. Egyidejűleg bíztat arra, hogy bátran hallgassunk kis Hangunkra.

Az Égiek információi, melyeket átadnak számunkra egy-egy konzultáció, beszélgetés alkalmával, mindenkor Energiáról „szólnak". Az akkor aktuális tárgykörben, melyben szeretnénk tisztán látni, és benne megfejtésre találni.

Nem véletlen, hogy a kártyák szinte minden tanácsadásnál ugyanarról „áradnak", és majdhogynem mindig ismerős híreket adnak át így az Univerzumtól adott dologban.

Értem ezalatt, gyakorta megtörténik, miszerint számos Vendégem újfent ugyanazon válaszokat hallja minden egyes tanácsadásnál. Ez sem véletlen. Azért, mert az Energia még mindig fellelhető abban. Sokszor nyilatkoznak úgy a Vendégeim, hogy szó szerint ezt, avagy azt mondtam már Nekik előző tanácsadásoknál. Természetesen, ha közben változások állnak be, bármi előremozdulás, mozgás van abban a tárgyban, úgy az Energia is módosul, illetve módosulhat. Ezt figyelembe véve megesik, hogy az üzenetekből már mást olvasunk ki, mint eddig.

Vagy épp olyan információ kerül birtokunkba, ami eddig nem fedte fel magát. Ezzel tükrözi vissza adott téma fejlődését, alakulását, rendeződését.

Érdemes itt még kiemelni... Amit érzékelünk Energiát a lapok olvasatából, ugyanúgy takarhat egy, avagy több opciót.

Azon jellemzők, információk, netán tulajdonságok, amiket észlelünk a lapokból aktuális dologra vonatkozóan, nem feltétlenül csak egy, épp konkrét hivatásra, kapcsolatra, Személyre, vagy bármire, mint lehetőségre illik rá sok esetben.

Beszélhetnek több variánsról is, mint várható lehetőségekről.

A kártya nem dönt helyettünk! Csupán javaslatokat ad, hogy meghozzuk azokat, és ezáltal tegyük meg a szükséges lépéseinket.

# KÖSZÖNET

Mint minden könyv, e kötet sem nélkülözheti azon Támogatók megemlítését, akik közvetlenül, avagy közvetve szerepet játszottak írásom megalkotásában.

Így Ajánlom ezen művem elsősorban Pásztor Magdolnának, aki csodálatos, lenyűgöző Egyéniségével, és nem utolsósorban, általam oly nagyra becsült Tudásával, Hivatásával volt Mellettem e könyv megírásánál és Életem „vezetésénél" egyaránt. Köszönet Áldásos közreműködéséért, tanácsaiért és Önzetlen Szeretetéért, amit kaptam Tőle!

Őszinte Szeretettel mondanék Köszönetet Barátaimnak, akik mindig ott voltak mellettem Utamon. Feltétel nélküli Szeretetükkel, Támogatásukkal, Hitükkel „járultak hozzá" Küldetésemhez és Életemhez úgyszintén.

Köszönettel tartozom e kapcsán Turcsányi Mónikának, Tápai Anettnek, Huszta Ibolyának, Billik Józsefnének, Pipó Editnek, Dr. Vizvári Eszternek, Sztanó Jánosnak, Forrai Istvánnak.

Ugyanakkor Köszönettel és Elismeréssel tartozom Drága Vendégeimnek is, akik a hosszú évek alatt megtiszteltek a Bizalmukkal. Az Ő Hitük, Szeretetük, mosolyuk, ragaszkodásuk, jelzéseik, és visszaigazolásaik nélkül nem tartanék itt, és ezen könyv sem született volna meg.

Nem utolsósorban a legnagyobb Hálával fejezném ki Köszönetem, Elismerésem az Univerzumnak, az Égieknek úgyszintén. Megtiszteltetés számomra, hogy ezt a különleges Karmát, Utat kaptam Tőlük ajándékul.

Köszönök Nekik minden tanítást, „leckét", fájdalmas megélést, de még inkább a sok-sok Boldog pillanatot, Mosolyt, Erőt, Szenvedélyt, Kitartást, Hitet, amikért Tisztelettel, Alázattal fejet hajtok Előttük.

# A szerző

Bagaméri Enikő Makón született 1973. október 16-án. Az egészségügyi irányú hivatása hosszú évei alatt több helyre is elvezényelte, dolgozott bölcsödében, laborasszisztensként, több gyógyászati részlegen, de az évek során mindig érezte magában a változtatás szükségességét. Spirituális utazásának kezdete még a középiskolai éveire tehető, a tarot kártyával való találkozása, a lapokkal való ismerkedés hamar ráébresztette, hogy valami jelentőségteljes dologgal áll szemben. Álma vált valóra azzal, hogy most már fő tevékenységként végzi ezt a különleges hivatást. A sok év alatt végzett tanácsadás, kártyavetés során szerzett tapasztalait, felismeréseit, meglátásait szeretné tovább adni másoknak, bemutatva ezzel az Univerzum tökéletes működését, rendezését.

# A kiadó

> *Aki feladja,*
> *hogy jobbá váljon,*
> *feladta,*
> *hogy jobb legyen!*

E mottó alapján a novum publishing kiadó célja az új kéziratok felkutatása, megjelentetése, és szerzőik hosszútávú segítése. Az 1997-ben alapított, többszörösen kitüntetett kiadó az egyik legjelentősebb, újdonsült szerzőkre specializálódott kiadónak számít többek között Ausztriában, Németországban és Svájcban.

**Valamennyi új kézirat rövid időn belül egy ingyenes, kötelezettségek nélküli kiadói véleményezésen esik át.**

További információkat a kiadóról és a könyvekről az alábbi oldalon talál:

www.novumpublishing.hu